お悩み解決!

公務員のための
クレーム対応駆け込み寺

イノベーション・スクエア
人材教育コンサルタント
関根健夫［著］

ぎょうせい

まえがき

ある市のクレーム対応です。ある市民が、ほぼ月に1回のペースでやって来ます。60歳代後半と思われる男性だそうです。役所にやって来ては、どこかの課で職員に問い合わせをします。どの課に行くかは、その時々で違うそうです。対応した職員は皆それなりに誠意をもって答えようとします。そのお客さまはその答えに対して「なぜそうなっているのだ？」「そのことは法律のどこに書いてある？」などとさらに聞いてくるそうです。

細かいことまで問われると、職員の側も瞬時には答えられないことが出てきます。このお客さまは、そういった会話から徐々にクレームを言い始めるのだそうです。「そんなことも、わからんのか！」「お前、何年仕事しとるんじゃ！」「そんな生半可な知識で仕事しているのか！」「不勉強だ！」から始まって「バカ！」「ボケ！」「カス！」の類まで、もうそれは常識を超えた言い方で、最後は一方的にまくし立ててくるそうです。一旦怒りが生じると、結果として20分、30分、時には1時間近くも続くといいます。

この市民は、この市の職員にとって有名な人になっていて、誰もがその行為を迷惑と思っています。しかし、このようなことが、現実にすでに5年も続いているのだそうです。

別の市の図書館でのケースです。この方は30歳代の男性だそうです。平日の日中に頻繁に図書館にやって来ます。ロビーや閲覧室で、新聞や雑誌を読んで帰ります。時にカウンターにやって来てクレームを述べます。内容は「施設の中が寒い、暑い」「子どもがうるさい」「高校生が図書館の本を読まずに勉強しているのはおかしい」「職員が自分のことを嫌な目で見た」などです。ご意見、お気持ちとしては否定するわけにもいきませんが、感覚的にどうしようもないことについては、こちらとしても何とも言えないわけです。よほど他人に迷惑をかけることでもない限り、規制することはできません。

そのお客さまは、その日のコンディションによって、言い方が温和なこともあれば、いきなり大声を上げることもあるようです。図書館は各自の自主性とプライバシーを尊重しますから、そのお客さまが怒鳴ることにもなれば、そのほうがよほど迷惑です。そうなると、こちらが説明しようとしても声を荒げて自分勝手な主張を繰り返すといいます。

また、別の市のケースです。女性のお客さまが、案内カウンターの職員に「駐車場の係員の言葉づかいが悪い」とクレームを述べました。来庁者用駐車場が満車だったので、その脇の空きスペースに車を止めようとしたら、そこは公用車用の場所だということで移動するように注意を受けたということです。案内カウンターの職員は、その話をひととおり聞きましたが、本人の怒りが収まらないため、総務部署の職員を呼びました。

このお客さまは「駐車場の係員が自分に対して命令した」「不愉快だ」「だいたい敬語のつかいかたがおかしい」「バカにされた」「公用車より市民の車を優先すべきだ」などと自論を展開し、1時間近く話をして帰って行ったといいます。

実はこのケースのお客さまも、何度も役所にやって来るいわばクレームの常連客で、これまでも「名札をつけていない職員がいた」「駐輪場の自転車の整頓がなっていない」「掲示板のポスターが曲がっている」「〇〇にゴミが落ちていた」「喫煙場所からのタバコの煙が臭い」など、くどくどと言うことが多いのだといいます。

これらは、役所や公共施設で起きたお客さま対応事例の一部にすぎません。それぞれ、お客さまの言っていることが間違っているわけではありません。しかし、このようなことが繰り返され、何人もの職員が常識を超えて時間を取られてしまうことは、こちらの立場からいえば迷惑です。

世間には、解決策のない問題やトラブルはあります。ある出来事に解決策を求められてもそれがにわかに提示できない、公務員といえどもそういうことはいくらでもあるわけです。また、解決策があったとしても、法の整備や予算の問題から、すぐに実現できないことも少なくありません。またすべてを行政側で解決することができないこともあります。自治体の本質的な概念は、住民が自らの力で地域を治めることですから、問題の解決に当たっては住民側に協力を求めることもあるわけです。

また、役所がクレームに対応する際、そのすべてに根拠を求められても、それがない場合があります。例えば、話の長いお客さまとの会話を、どこまで聞いてどこで切り上げればいいのか、このことに10分とか20分とかの根拠はありません。根拠はなくても多くの人が納得できる対応をして解決に導くこと、それが常識というべきなのでしょう。しかし、そのことを言っても一部のお客さまは納得されません。

一部のお客さまは常識を主張すると「では、こちらが非常識だと言うのか！」などと怒りを増大させ、事態はさらに悪い方向に行ってしまうでしょう。常識とは常識が共有できる人との間で成り立つ概念ですから、そうでないお客さまとの対応はそれは大変です。

ここでご紹介したクレームがなぜ起きたのか、お客さまはどんな気持ちで言って来ているのか、それは個別の判断になります。しかし現代は、これらのケースのような迷惑なクレームが増えているのです。

筆者はこれまで、月刊『ガバナンス』誌において、クレーム対応の基本、部署別のケースについて10年以上にわたって連載して解説してきました。ここ数年は、「クレーム対応駆け込み寺」、2019年度からは「クレーム対応悩み相談室」と題して、公務員の方々からのご相談にお応えしています。この度、多くの方々からのご要請で、本誌の内容をまとめ、新たな解説を加えて本書が上梓されることとなりました。

本書が多くの公務員の方々にとって、クレームへの対応に自信を持っていただけるようお役に立てればと願います。人とのコミュニケーションに自信が持てることは、人にとって最大の幸せであることを信じて、皆さまを応援しております。

2019年5月

関根　健夫

目　次

第2章 お客さまからこんなことを言われたら？

第1章

こんなお客さまにどう対応する？

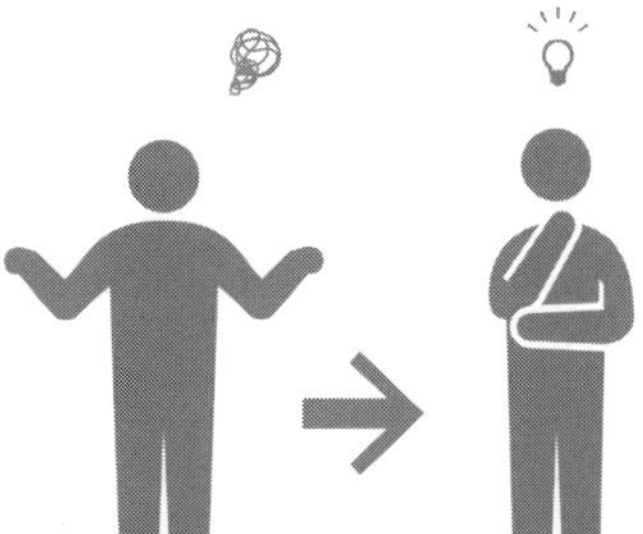

●「クレームって何だろう──クレームが生まれる背景」

1　迷惑なクレームが増えている

「まえがき」で紹介した図書館や駐車場のケースでは、お客さまの主張そのものが間違っているわけではありません。意見としての発言そのものについては、成り立つ要素もあるわけです。図書館における「暑い、寒い」は感覚の問題ではありますが、「だから冷暖房を弱めてくれませんか」という言い方であれば、必ずしも悪質とはいえません。「言葉づかいに注意すべきだ」「職員が名札をつけていなかったのはおかしい」など、言い分をそこだけ切り取れば決して間違ってはいないでしょう。むしろ正しいことといえるのです。

役所の窓口で何らかの説明を受けたら、多くのお客さまはその説明を理解しようと意思をもって耳を傾け、結果として納得して帰られるだろうと思います。一部に「それはどうしてそうなっているのですか」などと、説明の背景や指導の根拠を聞きたいと思う人がいても、それが常識の範囲であれば異常なこととも思えません。

問題は言い方であり、主張する行為そのものです。怒鳴る、常識を超えて長引かせる、何度もやって来るなど、常識を外れた行為に及ぶと、受けるほうの職員は疲弊します。

2　目的のはっきりしないクレームが増えてきた

クレームの傾向について考えてみると、ここ10年から20年ほどは、目的のはっきりしないクレームが増えてきたように思われます。このタイプの市民は、何の目的で役所に来るのでしょうか。本人は「意見を言っているだけだ」「役所を良くするために時々来ているのだ」などと言うケースが多いのですが、受ける側には理解できません。

主張の目的が具体的で意味がはっきりしていれば、こちらも調べて後に回答することができますし、時にはそのことが貴重な意見として社会に役立つことにもなるでしょう。それによって改善すべき点を改善する、それはクレームを受ける組織の側の誠意でもあります。

しかし、過度に攻撃的になり誹謗中傷に終始する、こちらが改善することを提示しても納得されない、こちらが調べて回答しようとしても名前や連絡先を言わない、そのようなお客さまになると意味が違ってきます。

また、主張にいたずらや虚偽でもあれば、それらの行為は誠意をもって対応しようとするこちらの誠意を否定されたことと同然です。しかし、だからといって、お客さまの発言や立場を、にわかに否定する訳にもいきません。そのことは自らの誠意を自ら否定することと同じになってしまうからです。

このことは、民間企業にもあることです。いたずらと思われる電話、多分虚偽だろうと思われる申し出は、このところ増えているようです。本人もそれを自覚しているのであれば、誠意のないクレームといえるでしょう。しかし、それほど悪気なく言ってくる人も少なくないようです。消費者を大切にする姿勢は企業にとって基本的な立場である、そのことを当然と考えて、このくらいならいいだろうといった感覚があるようです。しかし、やってもいいこととやってはいけないことがあります。それは社会の常識ともいえるもので、その一つが例えば法律です。法令に照らして不合理なことは断固拒否する、これが正義というものです。

役所も同じです。公務員に求められていることは、すべての市民への奉仕です。したがって、個別の案件について必要以上に際限なくかかわっているわけにもいきません。必要な努力を十分にした結果、**不合理なことについては拒否し、対応を打ち切ることは当然にしなければならないわけです。**要するにそのタイミングと方法が大切なのです。

3　そもそもクレームって何でしょう

そもそも、クレームとは何でしょうか。英語のクレームは、日本語では苦情と訳されることが多いのですが、その意味やニュアンスは少し違います。

日本語で苦情というと、そのニュアンスとしては「文句」「不満」「お叱り」といった、マイナスのイメージが優先します。確かに苦情はないほうがいいでしょう。皆で協力して苦情をなくそう、といった考えは間違っていないのです。

一方、英語のクレームという言葉は、必ずしも苦情を意味しません。むしろ意見としての「主張」「要求」といった面があります。そもそも私たちは、うるさいお客さま、非常識なことを言うお客さまに対して〝いやだなあ〟〝ついていないなあ〟などと思うから苦情と表現するのでしょう。私たちはその意見を受け入れることができないとき〝そのようなことを言ったって、できるわけがないじゃないか〟というニュアンスで、苦情と受け取りがちなのです。

しかし、言う方にしてみれば、自分の発言は意見です。不満から発した要望もあるでしょう。それが一般に受け入れることができないものであっても、発言しただけで即違法とはいえません。クレームを言ったお客さまは、自分のことを苦情客とは思っていない人がほとんどです。それが証拠に、私たちがお客の立場になったとき「あなたは苦情客ですか」などと問いかけられると不快な思いをすると思います。苦情という言葉は、いわば受ける側の専門用語です。**冷静に話し合うためには、どのような言い分であっても、また言い方であっても苦情と考えずに、まずは意見として受け止めることが大切です。**間違っていることをわかっていて発言する人や、その内容が相手を陥れる目的の人もいるでしょうが、それは少数派でしょう。そのようなケースでは、お客さま扱いしない対応法を行使することになります。

4　豊かな社会はクレームが増える

社会はクレームが増えているといいます。ここ数年の間に社会に出た方は、社会はこんなものかと思っているでしょう。しかし、クレームは確実に増えていると思われます。なぜでしょうか。それにはさまざまな原因が考えられますが、キーワードは豊かな社会だと思います。

では、社会が豊かになると、どうしてクレームの数が増えるのでしょうか。社会が豊かになることは決して悪いことではありません。しかし、そこに落とし穴があるのです。そもそも、人が反発するのは、自分の期待通りにならないからです。そのことは誰でもあることで、特別なことではありません。社会が貧しい時代は、周囲への期待もそれなりであって、期待通りいかないことが当たり前でした。思うことが思うようにいかないのが当たり前の社会、それが貧しい社会だったのです。ところが、現代は思うことが概ね実現できるわけです。**期待したことが概ね期待通りになる、予定したことが概ね予定通りにできるのが豊かな社会です。**

①我慢する習慣がない

豊かな社会は「我慢した経験が少ない社会」ということができます。貧しい社会は我慢することが当たり前でした。困ったこと、我慢することが日常茶飯事ですから、ある意味であきらめることも日常茶飯事です。良いことか悪いことかではなく、それが現実だったのです。

かつては、自分や自分の周囲に何らかの問題があれば、まずは近所の人に相談する、自治会長さんなども一緒になって地域の人が寄りそって解決する、自分たちで解決できないことは地域を代表して誰かが役所に相談に行く、そういったことが当たり前に行われていました。もちろん、今でもそういった協力関係が成り立っている地域が多いわけです。しかし一方で、隣近所のお付き合いが希薄になっている地域、困ったことがあっても身近に相談できる人がいない人、変に声をかけると〝プライバシーの侵害だ〟などと言われるのではないかといった心配、現代はこのような状況も増えているようです。ですから、困ったことがあると、各人が直接役所に要望する、問い合わせをする、クレームを言う、結果として対応の件数も増えるわけです。

豊かな社会は予定通りになるのが当たり前、望みどおりに行くのが当たり前です。しかし、社会生活の中では予定通り行かないことがないわけではありません。そんな時、自分は悪くないのになぜ予定どおり行かないのか、と意見を言いたくなるのでしょう。**漠然とした不満、どうしようもない閉塞感が相手方に向けられる時、人は時に言いすぎてしまうことがあるようです。**

②コンプレックスを生む

社会が豊かになると、個人的には豊かさを感じることができない人々が増えるといいます。豊かな社会は、格差を生むということが歴史的にも繰り返されています。

例えば、日本から海外旅行に出かける人が過去最高などというニュースが聞かれます。こういったニュースが流れると、世間の人々はそんなに裕福なのかと思いがちです。そういった経験をしていない自分は、どことなく社会から取り残されているのではないか、漠然と自分が時代に取り残され、遅れているのではないかと思ってしまいます。自分の生活に不満がなくても、どこかでコンプレックスを感じる。これも豊かな社会の側面です。実際にはその年に海外旅行に行っていない人のほうがはるかに多いのです。しかし、自分の生活はそれなりであるにもかかわらず、こういうニュースを聞くとなんとなくみじめな気分になる、他人をうらやむ気持ちが出る、これも現代社会の閉塞感といえるでしょう。

お客さまをすべて決めつけることはできませんが、**他人に怒鳴る、威嚇するなどの行為は、コンプレックスの裏返しの可能性があります。**自分は他人から認められていない、他人から感謝されていない、今までの人生で不利益をさんざんに受けてきて反論できずにいた悔しい思いがある、などの感情が積み重なると、本人も自覚しないままに、ある種のコンプレックスを抱えることになっているケースが多いのです。普段、言われることに慣れていると、自分が言える立場になったとき、ついつい言いすぎてしまうのです。

③仕事の経験から出るクレーム

コンプレックスは、仕事上の経験からでもつくられます。仕事で何らかの原因でお客さまからのクレームを多く受けていると、自分がお客さまの立場になった時、相手方がミスをしたなどの場合、ついクレームを言ってしまうことがあるものです。自分は仕事でお客さまにこういう対応をしている、うちの会社ではこのくらいのことには応じるなどという自負があると、自分がお客さまの立場になった時に〝こんなこともしてくれないのか、自分はやっているのに〟という感覚になります。

お客さまに対して、何をどこまで認めるかは、組織によっても違います。自分の経験を主張しても、それに相手方が応じるかどうかは次元の違う話ですが、**経験があるだけ自負心も強くなります。**元同業者がクレームを言うという現象は少なからずあるようです。

④高齢化社会の側面

高齢者が増えています。平均寿命が延びているのです。それは大変にいいことです。

1971年、マクドナルドのハンバーガーショップ日本第1号店がオープンしました。日本が高度経済成長の中にあった年で、この年の日本の男性の平均寿命は69歳台でした。その後に沖縄県が統計に算入されて70歳台になりました。昨今は80歳台です。10年以上も伸びました。単純にいえば、平均的な男性は80歳以上まで生きるのです。

しかし、多くの方は60～65歳くらいで現役の仕事を卒業します。寿命が69歳台の時代に比べて、皆さん総じてお元気です。高学歴化も進み理屈を言う人が増えています。社会に対して言いたいことや意見もあります。役所の方々の話を伺うと、60歳台後半の年齢と思われるクレーマーが多いといいます。そういった背景がこの年代の方々のクレームになっているのかもしれません。もちろん、元気で長生きすることはいいことです。意見は大いに言っていただいて結構でしょう。問題はその内容と言い方です。

知識や経験を生かして、**若い世代の人たちとともに社会を創る。ときには、若い世代の人たちのサポート役として援助する。私たちは、そんな大人になりたいものです。**

⑤お客さま側の意識の拡大

お客さまは神様です、お客さまがいなければ仕事が成り立ちません、ですからお客さまのことを第一に考えましょう、お客さまが大切というこういった風潮はここ30年くらいの社会にあった風潮でしょう。平成の時代になって、医療機関でも患者を呼ぶ際に「患者さま」「○○様」などと呼ぶところが増えてきたようです。そのことの意味はいろいろあるでしょう。例えば、職員側の心構えとして相手方を尊重しましょうという意味もあったのではないかと思います。しかし、現代はそれが拡大しすぎ、お客さまの言い分に過剰なほどに従おうとする風潮、とにかくご理解、ご納得いただかなければというイメージが強くなってしまったようです。お客さまの側も自分は客だ、客である以上立場が上だと、不当なほどの自負になってきたように思います。マスコミでは、カスタマーハラスメントなどという言葉も登場してきています。

お客さまも、公務員、民間の社員も、ビジネスでの立場は対等です。例えば、ものを購入する場合、お客さまがそれを欲しいのならお金を支払う義務があり、お店側は瑕疵のない商品をお渡しする義務があります。公務員も同じでしょう。市民は自分が豊かに生活したいのならルールに従って税金を納める義務があり、行政もルールに従ってサービスを提供する義務があります。もちろん、ルール以上のサービスを提供する必要はありません。**お客さまも、公務員も、お互いに義務を果たすべき対等な関係なのです。**

⑥プライドの高い人が増えてきた

プライドを持つことは、どのような人にもあることです。人間が人間である以上、他人に認められたい、自分のプライドを感じたいという自尊の欲求はあるものです。それがあるからこそ人は生きていけるともいえるでしょう。しかし、自分のプライドのすべてが思うように満たされるなどということは人生にはあり得ません。〝人に誤解されて悔しい思いをした〟〝現状を誤認してこんなはずではなかった〟そういった経験は誰にでもあることです。多くの人は心のマイナスは、別のプラスで相殺することができます。つまり〝人生楽あれば苦あり〟です。また、思いどおりにならないことは他人の立場との相関で流すことができます。つまり〝あの人もきっとつらいだろう〟だから〝自分も頑張ろう〟です。つまり、よい意味であきらめることができるのです。

しかし、悔しい気持ちが、その人の人生における社会的経験と相まって、自己表現されることがあります。つまり、〝自分はかつて組織の管理職だったのだ〟〝自分はもっと苦しいことを経験してきたのだ〟〝その私が言っているのだからそうすべきだ〟などといった感覚です。**自分が優位性を持つ状況、言える立場になると、本人も自覚しないまま、他人に対するその優位性を主張することがあります。**そのことがにわかに認められないと、怒鳴る、こだわる、相手を攻撃するなどの行為に及んでくることがあるのです。その人は、その瞬間、その状況をあきらめきれていないのです。

ケース1

息子さんの代理で来たお客さまが、申請内容を把握していませんでした

相談者は、採用されたばかりの新人職員です。息子に頼まれて、役所の窓口に納税証明を取りに来たお客さまが、委任状を持っておらず、ほしい証明の種類もよくわかっていないようです。

＊

A　証明書類を発行する係に配属されましたが、早速、お客さま対応で悩まされるケースがありました。

関根　税務に関する法令や基礎知識はもちろん、いろいろなことを学ばなければなりませんね。

A　はい。まだまだ勉強しなければなりませんが、お客さまに応対していると、お客さまも事情がわかっていないケースが多くて困っています。

関根　例えばどんなことですか。

A　先日のお客さまは、息子さんの税金の証明書がほしいと言って来ました。

関根　代理人からの申請ですね。

A　はい。まずは、委任状の提示を求めましたが、お客さまは「そんなものは、持っていない」と。

関根　よくあるパターンですね。

A　たとえ親子でも、税金の証明書は個人情報ですから、委任状がないと出せない旨を説明したのですが、ご理解いただけませんでした。

関根　親子でも、委任状がなければ発行できませんよね。

A　はい。しかし向こうは、親子なのだから出してくれてもいいだろう、というわけです。

関根　日本人は、血縁地縁を中心に社会が成り立ってきた傾向が強いので、その辺の判断にあいまいな感覚を持つ方もいらっしゃいますね。

A　さらにその時は、ご本人は息子さんから頼まれて来たらしく、発行してほしい証明書が、納税証明なのか課税証明なのかがわからず、「そんなことは知らない。とにかく税金の証明書を出してくれればいいのだ」と、怒鳴るのです。

関根　困りましたね。それで、上司や先輩には相談されたのですか。

A　はい。でも、委任状もないわけですし、どのような証明書が必要なのかはっきりしないので、出直してもらうようにとのアドバイスでした。

関根　それは、そのとおりですね。で、どうされましたか。

A　お客さまには、その証明書を何に使うのか、何度も聞いたのですが、どうやら銀行に提出するとかで「頼まれたので詳しいことはわからない。そっちで調べてくれ」と、叱られました。

関根　困りましたね。

A　お客さまは、そのくらいのことは役所ならわかるだろう、という感覚で来ているようなのです。

関根　このケースでは、出直していただくしかないわけですよね。

A　結論はそれしかないのですが、結局わかってもらえずに、怒って帰られました。

関根　こういうケースは、市民の不知ですね。仕方のない現実です。もしかしたら、この方に用事を頼んだ息子さんも、税金の証明書にいくつかの種類があることをわかっていないのかもしれません。

A　はい。だいたい自分の申請内容をわかっていないお客さまの言い分にこそ、無理があるのです。こういうお客さまに当たると、いい気持ちがしません。

関根　クレームやトラブルへの対応は、そのことについてご理解いただくためのきっかけと考えてはいかがでしょうか。

A　どういうことですか。

関根　つまり、この方も親子といえども、証明書の交付申請には委任状が必要なこと、また税金の証明書には大きく分けて納税証明書と課税証明書などいくつかあり、それぞれ記載内容が違うこと、一般的に資格審査などでは納税証明、銀行等の融資の審査などでは両方を要求されるケースが多いことなど、それにまつわるこれらのことを知っていれば、今回のような状況にはならなかったわけです。

A　でも、一般的には知らない人も多いですよね。

関根　そうです。だから、あなたのような役所の人が必要なのです。

A　はあ。

関根　公務員は単に事務処理をするだけではなく、市民に社会のルールを守ってもらうように導くことが仕事です。ですからそこには、当然に制度の説明も含まれるのです。もちろん、その方のプライバシーに過度に踏み込む必要はありませんが、一般的なケースを説明して、家に帰って確認してみてはいかがですか、というアドバイスはできるでしょう。

A　なるほど。

関根　すべての市民が制度等をよく理解し、問題なく申請してくること、もちろんそれが好ましいことです。でも、現実にはわかっていない人もいるわけですから、そういう方には社会の制度やルール、時には常識を教えてあげればいいのです。そこに、市民の事情に合わせたあたたかい対応があるわけでしょう。このお客さまも、それを感じた時に「よくわかった。もう一度息子と話してみる。ありがとう」と、感謝の気持ちを持ってくれるのではないでしょうか。

A　わかりました。お客さまの不知に腹を立てず、そのことを説明するように努力してみます。

このケースのポイント

①公務員の仕事は、事務処理だけではない

正しい申請を受け付け、処理することは、公務員にとって大切な業務です。しかし、それだけが仕事ではありません。時には、不足のある申請について指摘し、どのようなケースでは何の書類が必要か、どのようなケースでは何ができないのか、正しい申請ができるように手助けすることも大切な業務です。

②制度の概要やルール、時には常識を説明することも仕事のうち

公務員の仕事は、ルールを提供し、それを守ってもらうことで社会を安定させることです。前項でも述べたように、申請を受け付け、処理すると同時に、そのことについての概要やルール、時にはルールにまつわる社会の常識的な情報を提供することも大切なことです。その結果、相手方が知識を広めてくれたら、きっとその人は感謝してくれることでしょう。

ケース2

何度話してもお客さまがわかってくれません

ある市の職員Bさんは、保険年金の担当です。お客さまによっては、説明内容をにわかに理解してもらえず、結果として同じ説明を何度も繰り返さなければならないことがあり、どうしたらよいか困っているようです。

＊

B　私は、国民健康保険や国民年金の仕事をしているのですが、制度について説明しても、なかなかわかってくれない人がいるのです。制度がわかりにくいのも事実ですが、それにしても、同じ説明を何度もさせられます。

関根　そうですね。確かに保険や年金の制度は、一般の人にはわかりにくい面があるかもしれませんね。

B　先に説明したことを、何度も繰り返さなければならない状況になると、なるべく顔には出さないようにしているのですが、いつもイライラしてしまいます。

関根　説明内容が複雑になると、どうしてもそうなりがちですね。そういうお客さまは、比較的ご年配の方が多いのではないでしょうか。

B　はい。総じて、その傾向はありますね。

関根　それで、いつもどうされているのですか。

B　一度説明していますし、もっと順序立てて聞いてもらえれば、結果的にわかっていただけるのではとの思いで、「ですから、先ほども申し上げたとおり……」とか「このことは先ほど申しました」と前置きをして、説明するようにしていますが、これはよくない話し方でしょうか。

関根　いいえ、決してそのようなことはないですよ。話し方にこれでなければならないということはありません。Bさんのように、新たな内容と先に伝えた内容を分けて聞いてもらうことで、相手が論理の組み立てをしやすくなります。

B　では、問題はありませんか。

関根　それは一概に言えません。問題は、相手方の気持ちがどうかということです。相手方がその発言で冷静に聞いてくれるなら、それでよいと思います。しかし、先に話した内容が理解されていない状況では、人によっては、〝押しつけがましい〟とか〝突き放された〟という印象をもって受け取る人もいるかもしれません。

B　なるほど、そうですね。

関根　話し方で大切なのは、自分の話を相手がどう受け取るかということ。そのために必要なのは、言い方を工夫することです。具体的には、言い回しをたくさんイメージするとよいでしょう。

B　それは、どういうことですか。

関根　つまり、「先ほど申し上げたとおり……」ということをいろいろな言い方で表現してみるのです。

例えば「先の話を、もう一度させていただいてもよろしいでしょうか」などと許可を得るような言い方はどうでしょう。そのことで、相手が「えっ、先の話って何でしたっけ」といった気持ちになるなら、その後の発言は素直に聞いてくれる可能性が高いでしょう。

B　確かにそうですね。

関根　もし、相手が「だから、先ほどの話がおかしいと……」などといった反応を返してきたら、その場での再度の説明はかえって事態を悪化させるかもしれません。その場合は「どの点がおかしいとお思いですか」などと、相手方の発言の背景を引き出してから説明に移ったほうがよさそうですね。

B　他にはどのような言い方がありますか。

関根　言い方は、その場の状況に合わせて考えるしかありませんが、ある意味で無限にあると言ってもよいでしょう。もう一つ例を挙げると、「申し訳ございません。先ほどの繰り返しになりますが……」などと、申し訳なさそうなイメージを出して詫び言葉を活用することもできそうですね。

B　確かに、そういう言い方をすると感じがいいかもしれませんね。

関根　公務員の皆さんは、お客さまに制度をきちんと説明し、理解、納得していただくことが仕事です。そのために、最大限の努力を続けることが求められます。しかし、同じ話を何度もされることは、相手方にとっては往々にして気持ちのよいものではありません。結局は言い方を変えて繰り返すこと。これが現実的な対応法なのです。

B　よくわかりました。話し方に工夫ができれば、応対にも幅ができそうな気がしてきました。ありがとうございました。

このケースのポイント

①公務員の使命は、お客さまに理解、納得していただくために、最大限の努力をすること

こちらの説明に対して、にわかにわかってくれないお客さまについては、その原因を一概に決めつけることができません。コミュニケーションは相手のあることですから、こちらの思う通りの結果にならないことは往々にしてあるものです。初めから自分には理解できないと決めつけて理解しようとしない人、論理的思考力が希薄な人、制度そのものに不満を持っていて従いたくない人など、いろいろでしょう。こちらにとって大切なことは、コミュニケーションを通してお客さまに理解していただくよう、その努力を惜しまないことです。粘り強く説明を繰り返し、いつかきっとわかってくれることを信じること、それがこちらの誠意といえるでしょう。

②同じ説明を繰りかえすときは、話し方、表現を工夫することが大切

同じ説明を、同じ表現（言い方）で繰り返すのは、相手にくどい印象を与えることになります。言い方は無限にあるのですから、表現を工夫しましょう。その努力がコミュニケーション能力を高めることにつながります。

ケース3

質問したらお客さまに逆上されてしまいました

相談者Cさんは、クレームを言うお客さまに積極的に質問をしたことで、相手が怒りを爆発させて収拾がつかなくなり、何度も失敗したといいます。したがって、質問はしない方がいいと経験的に考えているようです。

*

C　以前に先生の研修を受講した時に、クレームには逆質問すべきだと教えられ、何度もやってみました。しかし、質問をすればするほど多くのお客さまは逆上され、険悪なムードになってしまいます。

関根　確かに、状況によってはそういうこともあるかもしれませんね。しかし、クレームには必ず背景に事実や思惑があるので、それを聞き出すことは、解決策の判断に間違いなく有益です。

C　でも、実際にお客さまに質問すると「俺を疑っているのか！」「失礼だ！」「個人情報だ！」「あなたに言う必要はない！」などと言われて、話が噛み合わなくなってしまうのです。

関根　確かに、逆質問は難しいですよね。相手も人格、感情を持った人間ですから、自分の主張に反するような質問は、嫌がるでしょうから。

C　だから、逆質問はしないようにしています。

関根　今までに、何回くらい失敗しましたか。

C　数えたことはありませんが、10回も20回もです。

関根　大変だと思いますが、私からのアドバイスとしては、ぜひその経験を乗り越えていただきたいと思います。30回、40回と失敗しても、そこから感覚をつかんでほしいですね。

C　そうでしょうか……（不満顔）。

関根　人は、自分の話を積極的に聞いてくれる人には、好意的になるものです。また、クレームを言う人の中には、オーバーな表現をしたり、ウソを言ったりする人もいないとは限りません。それらは、こちらから質問することでわかってくるのです。

C　確かにそうかもしれませんけれど……。

関根　質問することで積極的に聞こうとすると、効率よく聞こうとする気持ちが先に立ち、相手がまだ話し足りない段階で、こちらが質問を始めてしまう傾向があります。私も、かつて何度も失敗していますが、タイミングが早いのだと思います。

C　確かに、そう言われると、とにかく質問しなければという気が先に立ってしまって……。

関根　さらに、質問により誤解を受けることがあります。つまり、相手がこれは自分を思いやって聞いてくれているのだなと意識できれば、比較的素直に答えてくれるでしょう。しかし、自分を疑っているのだろうと思われると、素直には答えてくれません。

C　なるほど。質問の仕方がよくなかったのかもしれませんね。

関根　普段の会話でも、それを感じることはありませんか。こちらが一所懸命に話しているのに、相手が何も質問して来ないというのは、張り合いがないでしょう。温かい関心を示してくれているという感覚は、人間関係をよくするポイントです。

C　では、どうしたら、トラブルを起こさずに質問できるのでしょうか。

関根　コミュニケーションは、すべて相手のあることですから、必ずうまくいく保証はありません。まずは「お話は……ですね」などと、確認の質問から始めてはいかがでしょう。また、いきなり話すのではなく「こちらから質問してもよろしいですか」と許可を得るのもいいでしょう。

C　でも、そこで「うるさい」「失礼だ」とか、相手が怒ったらどうしたらよいですか？

関根　質問に対して相手が「失礼だ」と言うなら、それはお詫びをすればいいだけのことです。しかし、当たり前のことを質問して、相手がそう言うのは、何か後ろめたいことを隠している可能性がありますね。それもこちらの判断材料になります。こちらとしては、もう少し聞かなければこの問題が解決できない、聞くことで的確な説明ができる、という信念で質問するわけですから、そこは耐えるべきでしょう。

C　できるかどうか……。

関根　そこは、プライドを持ちましょうよ。時には「気を悪くさせたら謝ります」「このことが心配なので、もう少し聞かせてください」などと言ってもいいと思いますよ。とにかく相手も人ですから、絶対はありません。確率を上げていくくらいの気持ちで頑張ってみてください。

C

よくわかりました。自信はありませんが、失敗しても仕方がないと考えて、何とか工夫してみます。

このケースのポイント

①クレームは背景に事実や思惑がある

人の言い分には背景があります。つまり、間違った知識や情報を持っていれば誤解を生じますし、古い情報が今でも通用すると考えれば過去にこだわることになります。また、特異な経験をされた方がその事実をもって今の状況を判断すると、その判断は他の人とは違ってくるでしょう。人の主張には、逆質問をしてその背景を聞き出す努力をしましょう。

②質問するときは、タイミングに気を配り、許可を得るなどの工夫をすることが大切

なぜ質問されるのか、意味もわからずに矢継ぎ早に質問されれば、それは誰でもいい気持ちはしないものです。反対に、自分のことを思いやって質問してくれている気持ちが伝われば、比較的抵抗なくそれに答えてくれるでしょう。

ケース4

ある保護者にインターネット上で主張を発信され、困っています…

ある教育委員会の職員からの相談です。学校の対応や教育のあり方などについて、担任教師に直接意見を言っても自分の思うようにならない保護者が、インターネット上で主張を発信し始めました。

＊

D　最近、ある学校の教員から相談を受けました。ある保護者が、学級運営にさまざまな意見を言ってくるのだそうです。

関根　教育熱心な方なのでしょうね。

D　はい、そう思います。でも、現実的に対応できないほど細かいことや事実とは違った思い込みを何度も言ってくるので困っているらしいのです。

関根　今までは、どのように対応していたのですか。

D　言い分について、できることはその方向で改善に向けて努力し、見解の相違やにわかに実現できないことはご意見として伺うという対応をしていたようです。ところが最近、この方が「自分の主張は間違っていない。なぜ改善しないのか」などと言い出し、インターネットを通じて他の人々の意見を集め始めたというのです。

関根　ネット社会ですから、そういうこともあるでしょうね。

D　教師によると、その書き込みをネタにして「同じ考えの人がこんなにいる」とか「何人もの人が賛同の署名をしている」などと、自論の正当性を訴えてくるようです。

関根　先生も大変ですね。昨今では、インターネットを利用したクレームが多くなっています。メールでの問い合わせや意見を述べてくる人も増えています。

D　学校以外にもあるのですか。

関根　一般行政にもその傾向が強いと聞きます。インターネットは便利なツールですが、手軽さ、気軽さからクレームを伝える手段にされたり、インターネットを通じて得た情報をもって根拠とされたりすると、精神的にも、社会的にも負担になってきますね。

D　それで、この教師も悩んでいるようです。

関根　私はインターネットの専門家ではありませんが、私の知る限り、端的には防ぎようがないケースだと思います。

D　そうですか……。

関根　何かの事象について、自分の意見を持って表現することは自由です。したがって、「うちの子どもの学校で……があった。自分はおかしいと思う。皆さんはどう思いますか」といった書き込みがされても、基本的にそれを止めさせることはできないでしょう。

D　意見をインターネットで発信すると、広く拡散しますよね。

関根　そうですね。それがインターネットのいいところであり、怖いところでもあります。どこにどのように拡散し、どんな影響が出るか、計り知れないところがありますから。

D　では、どうしたらよいでしょう。

関根　考え方は三つあります。第一は、ネットでの意見の発信や収集は、仕方のないことと割り切ることです。

D　あきらめる、ということですか。

関根　ある程度のあきらめ、許しも必要でしょう。それを許すことは、ある意味で基本的な問題として、他人の表現の自由を尊重したことになりますから。ただし、その表現が個人の尊厳を冒すような誹謗中傷を含んでいないかを確認することが大切です。もし、それが含まれている内容が発信されたのであれば、断固中止を求める、それを意識として強く持っていただきたいですね。

D　なるほど。

関根　第二は、意見の発信と集約に、なぜインターネットを利用したのかということです。その人はよくそうしたことをしているのでしょうか。

D　そうではないと思います。

関根　よほどのことであれば別ですが、学校のクラス内での出来事や担任との考えの違いを全国に発信して、その人に何かメリットがあるのでしょうか。

D　自己満足ですかね。

関根　そう言い切ってしまうと失礼かとも思いますが、そういう面もあるかもしれませんね。あえて不

D　特定多数の人々に意見を求めるのは、自分の思うようにならないからかもしれません。だから「みんながそう言っていますよ」という論理がほしいのです。

関根　あと一つは何ですか。

D　誤解のないように聞いてほしいのですが、担任との面接について結果として満足できなかった可能性があります。担任が話を十分に聞いてくれなかったとか、自分の気持ちをわかってくれなかったとか。どちらがいいとか悪いとか一概には言えませんが、内容よりも面接でのコミュニケーションが、この人にとって満足できないものであったということではないでしょうか。

関根　そういう面もあるかもしれませんね。

D　学校と保護者は、たとえ意見が違っても敵対者ではありませんから、こちらの対策としては、何度でも話し合いの機会を持つ努力をすることでしょうね。

関根　でも、現実にここまで来てしまうと、どうしたらよいでしょう。

D　保護者も担任も人間ですから、多少感情的になることは仕方がありません。本人同士で話がしにくいようであれば、学年主任や教頭先生、ときには第三者の方を交えて意見交換を重ねることも方法としてあるでしょう。

関根　わかりました。アドバイスしてみます。

このケースのポイント

①インターネット上での表現は基本的に自由

インターネットを利用したコミュニケーションは、便利で手軽なだけによく使われるようになってきました。そこに載せる情報は、基本的に自由です。しかし、明らかな虚偽、誹謗中傷、機密情報や個人情報を無断で掲載するなどの行為が行われれば、それは抗議、撤回を要求すべきでしょう。プロバイダーに削除を要請しましょう。

②会って話す努力を重ねることも一つの方法

インターネットを使って交渉し、時に賛同者を集めようとするのは、自分の意思が十分に伝わっていないと感じているからかもしれません。あえて、会って話すことで、一人の職員と一人のお客さまの立場で冷静になって話が噛み合ってくることがあります。とにかく会って話をしたいことを伝え、そのことの実績を残しておきましょう。

ケース5

所管部署の違いを理解してもらえません

相談者は、消防署の職員です。所管部署ではない案件について、市民から要望を受けた事例です。市民から「花火大会を中止してほしい」との要望を受けました。

＊

E　私は消防署に勤務していますが、先日、ある市民が「花火大会を中止してほしい」と言ってきました。当市では、毎年夏に花火大会が開催されていて、多くの市民、観光客で賑わいます。その大会を中止してほしいと言うのです。

関根　どうして中止してほしいと言うのですか。

E　観光客が集まりゴミが捨てられることや周囲の交通渋滞がひどいことのほか、いろいろな理由からです。

関根　いろいろな理由とは、例えばどのようなことですか。

E　その方によると、年老いたご両親が花火の音におびえているというのです。でも、花火大会を中止しろと言われても、消防署が所管しているわけではないし、そもそも権限がありません。

関根　花火大会の開催は、県知事あての許可申請ですよね。

E　はい。消防への届け出はお願いしていますが、それは、いつ、どこで、どのくらいの花火を、どの程度上げるのかの届けであって、あくまでも安全のためにお願いしていることです。イベントそのものの許可ではありません。

関根　なぜ消防署に言ってきたのでしょうか。

E　花火を上げる時には消防に届けることをどこかで聞いてきたようです。消防署は花火大会そのものを所管していないことを説明したのですが、理解してもらえませんでした。

関根　その方は、何と言いましたか。

E　当初は、「消防署が止めろと言えば中止になるはずだ」と。

関根　それは無理ですよね。

E　はい。とにかく消防署ではそういうことには関知できないと言うと「では、どこへ行けばいいのか」と。でも、県に行ってくださいと言っても、この方の申し出が通るとは思えません。それも無責任な気がして、どうしたらよいのか困りました。

関根　最終的にはどうなりましたか。

E　お互いの主張が平行線になり、後味悪く帰って行きました。

関根　その花火大会はいつ頃から始まったのでしょうか。

E　私が子どもの頃にもやっていましたから、少なくとも20～30年以上前からだと思います。

関根　この人は、なぜ今年に限って中止を主張してきたのでしょうか。

E　わかりません。

関根　常識で割り切れない主張には、必ず背景があるものです。花火大会そのものについて、主義主張があって反対しているのなら、今になって言ってくるのは不自然ですよね。そうなると、先の主張の内容のどこかにヒントがあるのかもしれません。

E　どういうことですか。

関根　つまり、昨年までと今年の間に何らかの事情の変化があったのではないかと想像できるのです。最近の大会で、家の周りにゴミを捨てられたとか、交通渋滞で特に困った事態があったとか、ご両親が最近になって急に体調を崩されたなどです。何かのきっかけがあって、花火大会を中止してほしいという要望に発展した可能性があります。

E　でも、どれも消防署に言われても困ります。

関根　そのとおりです。しかし、公務員としては何も聞かずに帰すわけにもいかないでしょうから、まずはひと通りの言い分を聞きましょう。その上で、こんな言い方もあると思います。「花火大会の中止については、こちらでは何とも言えませんが、強いていえば一番お困りのことは何ですか」とあえて優先順位をつけて聞いてみるのです。例えば、それがご両親のことであれば「福祉、介護関係の部署にご相談されてはいかがでしょうか」などと言ってみてはどうでしょう。

E　なるほど。

関根　ゴミ問題、交通渋滞などのことであれば、大会事務局に一市民として意見を述べることはできます。それは決して間違ったことではありません。毎年の恒例イベントであれば、他にもさまざまな意見が届いているでしょう。すでにそれなりの対策は考えているはずですから、事務局から説明を受けることができるかと思います。

E でも担当部署に行っても、この方が望む結果にはならないと思いますが。

関根 すべては無理だと思います。しかし、所管する部署に行ってもらうことは、無責任なことではありません。たとえ、望まれる結果にはならなくても説明は受けられるでしょう。もしかしたら、ご両親の問題だけでも解決できるかもしれません。

E そうですね。もう少し相手の話を分析的に聞いて対応すればよかったですね。

関根 一般的に花火大会は、役所の外郭団体等が主催して、恒例行事になっていることが多いですね。花火大会の開催は県知事の許可とはいっても、公益性があり基準を満たしていれば、よほどのことがないと開催を差し止めることは難しいでしょう。このような大きなイベントでは、主催団体は県以外にも、警察、消防、河川、港湾、生活環境、商工関係団体や地域によっては漁協、海上保安庁などとも協議し、届け出または許可を受けているでしょうから、事実上一つの部署で判断できるものではありません。この案件を単にどこかの課へ回しても、解決にはならないでしょう。だからこそ分析的な聞き方をすることが大切なのです。

E ありがとうございました。

このケースのポイント

①クレームの内容を分析的に聞く

クレームを言うお客さまは、目の前の人に聞いてほしいと思って言ってきています。担当外の申し出であっても、誠意ある対応としては、まずは話を聞くべきです。主張の内容やその主張に至った理由や気持ちを、質問を交えて聞いてあげましょう。どうしてそういう主張になったのかがわかれば、どこへ案内すればいいかが見えてくるでしょう。

②所管部署に行ってもらうことは、無責任な対応ではない

担当外のことであれば、当然こちらは答えるわけにもいきません。しかし、断るだけでは不親切な印象です。お客さまも納得しにくいでしょう。たとえ結論が変わらなくても「○○が管轄です」といった対応は親切だと思います。逃げるのではなく、次の部署の対応に期待を込めて引き継ぐのです。

ケース6

土地の境界確定の話し合いに応じてくれない市民がいます

相談者は、ある市の管財課の職員です。土地の境界を確定するため、所有者を訪ねたのですが、話し合いに応じてくれません。なぜ話に応じてくれないのか、理由もわからず困っている事例です。

＊

F 私は、管財課で主に土地の境界確定を担当しています。境界を確定するためには、現地での立ち会いが必要です。しかし、市民の中には、それに協力いただけない方がいて困っています。

関根 土地の面積を計算するためには境界の確定が必要、境界の確定には利害関係人の立ち会いが必要ですからね。

F はい。多くの市民は協力してくださるのですが、最近の事案でも、ある一人の方が話し合いに応じてくれず、時間を要しています。

関根 どのような方なのでしょうか。

F 代々この地域に住んでいる70代半ばくらいの方で、奥様と二人暮らしのようです。以前は会社勤めのほか農業もしていたようですが、今は仕事をしていないと思います。

関根　なぜ話し合いに応じてくれないのでしょうか。

F　真相は私にもわかりません。「どこからどこまでが自分の土地であるかは自分がわかっているのだから、それでいい」と。他にも、「役所には以前にだまされた」などと、不満というかたちでクレームを述べていますが、本題には応じてくれません。

関根　その方は、いくつも土地をお持ちなのでしょうか。

F　今回の案件は山林の一部なのですが、本人の話によると、他にも山林や元の農地のほか、宅地もいくつかあるようです。

関根　当然、それらは相続されたものなのでしょうね。

F　はい、そのようです。

関根　境界を確定することで、その方にとって不利なことはありますか。

F　問題の土地は市有地と市道の間の土地で、現状は境界がはっきりしておらず、公図と現状がずれています。実測したわけではありませんが、自分のものだと主張している土地の一部は、市有地の可能性があります。

関根　山林の場合、どの山が誰のものかといったことが、代々の感覚で伝わっていることもありますね。あの木の辺からこの辺まで、などとあいまいな言い分も多いようです。端的にいうと、境界を確定すると、本人の主張する土地の面積が減ってしまうということでしょうか。

F　その可能性はあります。

関根　もう一つ、先ほどの「役所に以前、だまされた」というのは、何かあったのですか。

F　詳しいことはわかりませんが、相当前のことらしく、県が別の場所で林道整備をしたときに、県と本人との間で話の内容に行き違いがあったようで、そのことで行政に対する不信が続いているようなのです。

関根　土地をお持ちの方は、いろいろな思いがあるようですね。私もかつて不動産会社に勤務したことがありますので、その方の気持ちも何となく想像できます。でも、担当者としては困りますよね。

F　そうなのです。どうしたらいいでしょうか。

関根　土地への思い込みが強いのか、行政への不信か、他の案件が絡んでいるのか、難しいですね。

F　他の案件とは何でしょうか。

関根　本件とは直接の関係はありませんが、たとえば、最近は遊休地を狙ってソーラー発電設備の設置やアパートの建築を勧める業者が多いようです。中には、かなりしつこい勧誘をしてくる業者もいて、土地をお持ちの方の中には、土地に関する問い合わせや調査協力などに、過敏に拒否反応を示すケースも多いと聞いています。

F　そういうこともあるのですか。

関根　この方には土地のことを話したくない、何らかの理由があるのかもしれません。

F　その理由を知る方法はないでしょうか。

関根　一言でいうと想像してみることでしょうか。きっと何かあるのだろうと、要するにその人の気持ちを思いやることです。クレーム対応も交渉もそこからがスタートです。はじめから説得しようとすると、反発されます。

F　確かに私はいつも「お願いします」と、説得する姿勢で行っていました。
関根　なぜ反対するのか、直接聞く方法もあるでしょうし、それとなく奥様に事情を伺ってもよいでしょう。とにかく、こちらの意向は話さず、会話を進めてみるのです。
F　でも、昔のことはどうしようもありませんね。
関根　もちろんです。過去のことはどうしようもありませんが、土地への思い込みや過去のトラブルなどについて、その方の気持ちに寄り添うことはできます。「そんなことがあったのですか」「お気持ちはよくわかります」などと共感するのです。
F　なるほど。
関根　ただし、行政への批判ととられる言動には、注意してください。
F　はい。
関根　ところで、今回の案件は急ぐべきものですか。
F　いえ、期限があるわけではありません。
関根　では結論を急がずに、その方の背景を考えながら、まずはこちらのお願い以外の話ができる関係づくりに努めてみましょう。最後は強制的な執行もないわけではないのでしょうが、用地の仕事は息の長い仕事と割り切って、根気強く進めることが大切だと思います。
F　はい。ありがとうございました。

このケースのポイント

①クレーム対応や交渉事では、はじめから説得しようとすると反発されやすい

人は誰でも、面倒なことは嫌だ、自分にとって不利なことは嫌だ、興味のないことには触れられたくないなどという感覚をもっています。また、他人の言いなりにはなりたくないと思っているので、結論ありきの交渉には感覚的に拒否反応を示します。つまり、自分が大切、自分で決めたいという、自我の感覚です。初めから説得してやろうと感じさせると反発してきます。

②クレームの背景にあるものを想像し、わかりあうことから始める

利害が対立していることに直接言及すると反発してくる場合は、その背景にある事情を聞き出し、まずは人間的にわかりあうことから始めましょう。心が通じ合えば、実務的な話に応じてくれることにもつながるでしょう。

ケース7

「もし災害が起きたら…」と心配してくるお客さまがいて…

ある市の災害対策課の担当者からの相談です。この市では昨年、集中豪雨によって被害が発生した経緯があります。

災害の発生など「もし……したら」という市民の心配の声に、どう対応するかを取り上げます。

＊

G　私は、災害対策業務を担当しています。うちの市では、昨年、集中豪雨により市内の複数個所で土砂崩れが発生し、実際に犠牲者が出ました。そのことで、市民が防災について関心を高めています。そこで、一部の市民が、「もし、昨年のような雨が降ったらどうするのか、対策は十分か」と言って来まして……。

関根　なるほど。

G　昨年の豪雨は、確かにひどい被害をもたらしました。市としては、できるだけのことはしているのですが、それで十分かと言われると、何とも言えません。

関根　そうですね。災害対策に十分や絶対はありませんね。市民の言い分は、どのようなことでしょうか。

G　例えば、土砂崩れが起きないように対策をとっているのか、とか。

関根　その点はどうなっているのですか。

G　市内すべての地区で、土砂崩れの対策がとれればいいのですが、市内には危険とされている個所が数百か所あります。今すぐすべてに万全な対策をとることは、現実にはできません。当課では、さまざまな情報を集めて、各部署と連携しながら対策を立てるのですが、実際に工事を行うのは土木の部署なので、そちらの予算や方針もあります。こちらとしては、何とも言えないのです。

関根　それで、どのような説明をされるのですか。

G　昨年の経験から、市ではより速い避難勧告、避難指示を出すように申し合わせをしています。避難所の数を増やすなど、できることをする旨を説明します。

関根　お客さまは納得されますか。

G　完全には納得されませんね。「もし災害が発生したらどうするのか、被害が出ないようにするのが防災だろう」と言ってきます。

関根　でも、被害を100％防ぐことは、現実的に困難ですよね。

G　昨年の豪雨は50年に一度、100年に一度とも言われるものでした。もちろんこちらも積極的に状況に対応しますが、「もし……したらどうするのか」などと言われると答えにくいですね。

関根　この先、雨が降ったからといって、必ず災害が起きるとは限りません。「もし……」「……たら」「……かも」という主張、これはリスクの問題です。

G　市民の心配な気持ちはわかるのですが……。

関根　最近は社会の風潮で、いいことは何でもやるべきだ、悪いことや心配事はとにかく取り除くべきだ、といった感覚が強いのだと思います。

G　はい。私もそのように感じます。

関根　しかし、リスクをすべて取り除くことは不可能です。それをすると、予算不足など新しいリスクが生じます。土砂崩れの危険個所をすべて補修し、今後すべての災害に対応できる町を造るとすれば、現実に他の行政サービスが数年間にわたってストップするほどの膨大なお金がかかるでしょう。それは現実的ではありません。では、行政はどこまでのことをするのか、どの部分は住民の努力でカバーするのか、その議論が大切です。あなたの部署に来るクレームを、そういう議論のきっかけにしましょう。

G　でも、仕事も忙しいですし……。

関根　もちろん、いつでも、どこでも、というわけではありませんが、市民との議論も本来業務の一環と思って対応してください。

G　しかし、いくら説明しても、理解が得られないと思います。

関根　リスクに関する議論の結論は、現実になかなか交わるものではありません。交わらないからこそ、聞くことに徹するのです。意見を聞いて「今後の問題として努力します」。そういう結論でいいと思いますよ。

G　そうでしょうか。

関根　そもそも、「もし……になったら」「……かも」といった事象をすべて説明することは不可能です。

人間は将来を予想することはできても、必ず起きる、また起きないとは言い切れません。ですから、想像の範囲で対策をとることはできますが、すべての事象にまで絶対の対策をとることはできないのです。

G どうしたらいいでしょうか。

関根 相手の言い分を最大限に聞いて、こちらも最大限の説明をしたら、「それ以上のことは、その時に考えます」と言うしかないのです。しかし、そう言ってしまうと、相手は相当に怒るでしょうから、言い方を考えて「こちらは現時点でできる最大限の努力をします。それ以上のことが起きたら、その時点で、最大限の努力をします。私たちを信じてください」「これからも共に話し合っていきましょう」などと、伝えてはどうでしょうか。

G 「それでは無責任だ」と言われそうです。

関根 それは仕方のないことだと思います。起きていないことの原因を証明することは不可能ですから、対策をとることも不可能です。仮に、次の災害が10年後に発生するとして、10年後には社会がどのような環境になっているか、どのような法律が整備されているかは、誰にもわかりません。それを承知で「……します」などと言っては、それこそ行政の立場としては無責任でしょう。その時、その時でやるべきことはしっかりやる。それしかないと信じて努力を重ね、その姿を皆さんに見ていただくことです。

G わかりました。気持ちを強くして頑張ります。

このケースのポイント

①「たら」「かも」の話には乗らない

私たちが社会生活をする上で、このようなことが起きたらどうするのか、このようなことが起きるかもしれないから、今から対策を考えておこうとする姿勢は間違っていません。すでに起きた事象について、原因を究明し、今後の対策を考えることはできます。しかし、起きていないこと、全てのことに安心、安全を確保することは不可能です。常識的な「たら」「かも」の話は、行政の対象になりますが、度を超えたらその話には乗らないようにしましょう。

②現時点でできることを主張し、あとは信頼していただく

すべてのことに万全な対策を取ることが不可能である以上、行政としてはできることに優先順位をつけて取り組み、その後のことはお互いの信頼関係を基礎にして話し合っていくしかないでしょう。

ケース8

お酒を飲んだ状態で窓口に来るお客さまに困っています

相談者は、ある市役所で高齢者の福祉を担当する職員です。高齢者の中には、お酒を飲んで役所に来る方もいるようです。

＊

H 私は高齢者の福祉を担当しているのですが、お酒を飲んで窓口に来る方がいて困っています。

関根 高齢者福祉の窓口ですから、その方は当然に高齢者なのですよね。

H はい。例えば、ある方は60歳代で、うちの窓口に来られる方の中では若いほうですが、時々やって来ます。

関根 その方は、何らかの手続きがあって来られるのでしょうか。

H いえ、ほとんどの場合、手続きがあって来るわけではありません。フラッと来て、なんとなく帰ります。お酒を飲んでいるので、何かを話したいのだろうとは思うのですが……。

関根 なるほど。それで何を話して行くのですか。

H 例えば、身の回りのことをしゃべって帰りますが、だいたいは聞いても仕方のないこと、うちの

関根　窓口には関係のないことです。

H　どこの役所でも聞く話ですね。

関根　そうですか。今、お話しした方は一つの例で、他にも飲酒して来られる方は、時々いらっしゃいます。

H　お酒を飲んでいる方は、話が噛み合いにくいでしょうね。

関根　そうなのです。もちろん、きちんと話をされる方もいるのですが、お酒が入っているので話が長くなったり、気が大きくなっているためか怒鳴ったりされる方もいます。第一、こちらの話は聞いてくれません。

H　そういう方もいるでしょうね。

関根　お酒を飲んで来る方にはどういう対応をしたらよいのでしょうか。

H　まあ、特別どうしたらいいということもありません。一般的な懇親の場をイメージして、うまく付き合うということでしょうかね。

関根　例えばどういう風にすればいいでしょうか。

H　なるべく否定的、命令的なことは言わず、質問を繰り返し、回答に同意、共感しながら話を誘導し、時にお礼の言葉、お詫びの言葉を繰り返し、適当なところで切り上げるということでしょうか。

関根　それがうまくいかないのです。

H　手続きや交渉の場に、お酒を飲んで来るということは、役所に限らずマナーとしてはいいことではありません。例えば、何らかの会合に出席し、そこでお酒が提供されて、その帰りに仕方なく役所に立ち寄ったなどの場合は、仕方のないこともありますが、普段からお酒を飲むことが習慣になっている人もいるでしょうし、中にはお酒を飲まないと何かをする気にならない、お酒を飲まないと人と対等に話ができないなどという方もいるかもしれません。

H そういう人もいるかもしれませんが……。

関根 しかし、行政サービスのプロとして押さえておかなければならないことは、飲酒を理由にして、対応を拒否してはいけないということです。

H やはり、そうなのですか。

関根 飲酒をしている方でも、人権は保障されなければなりませんし、意思決定もできるわけです。お酒を飲んでいるからといって、対応しなくていい理由にはならないのです。

H しかし、現実に迷惑行為をされるので……。

関根 その点も大切なことです。迷惑行為に及んで来れば話は別です。飲酒を理由に対応を拒否することはできませんが、そういう行為をされたらそのことについては「やめてください。この状況では対応できません」と言いましょう。

H でも、飲酒をしている人にそういうことを言っても大丈夫でしょうか。逆上されると困ります。

関根 そこは、その場の判断です。究極的には、犯罪に及んでこられたら警察に届けることになりますが、事態が悪くなることを危惧されるなら、先ほど申し上げたとおり、うまく付き合うしかないでしょう。

H はあ……。

関根　ここまで申し上げたことは理屈です。うまく付き合いましょうとは申しましたが、現実に対応できないということなら、例えば世間話風に話を進めてもいいと思います。

H　え、世間話ですか。

関根　もちろん、世間話をすることが目的ではありませんが、用件の話がまともにできないのであれば、例えば世間話をすることも事態を変える糸口になるかもしれません、ということなのです。

H　それは、どのようにすればいいのでしょうか。

関根　例えば、やんわりと「気分がよろしいようですね」「何かいいことがあったのでしょうか」などと話の方向を変えてみて、どこかでタイミングを図って「いくつか手続きしていただきたいことがあるので、今度、もう一度来てくれませんか」くらいのことは言うべきでしょうね。最初から強く出ると反発されますから。

H　役所の窓口で世間話をしてもいいのでしょうか。

関根　もちろん、やり過ぎはいけませんよ。しかし、役所は住民から親しまれることも大切なことです。親しみを増す意味で、最低限ならやっても問題はないでしょう。

H　はい。ありがとうございます。やってみます。

このケースのポイント

①飲酒を理由にした対応拒否はできない

市民が飲酒して役所に来ることについては、それがいいこととはいえません。しかし、飲酒していることだけで、その人への対応を拒否することはできません。飲酒をされていても、正常な話し合いができるなら、それは対応すべきです。しかし、飲酒をされた結果、正常な話し合いができなければ、話は別です。後日、もう一度場を設定するように提案することも正しい方策です。

②正面から議論できない人には、話の内容を変えてみる

悪質とはいえないまでも、一方的に話をされるお客さまには、世間話などで話を変えて会話のペースをつかみましょう。そのことで印象がよくなり、話が噛み合ってきたら、タイミングをつかんで話題を誘導することも、会話の方法の一つです。

ケース9

認知症の疑いがあるお客さまにはどう対応したらいいですか？

相談者は、ある市の福祉課に勤務する20代の職員です。主な業務は高齢者福祉で、高齢の市民と接することが多いと言います。同じ質問を繰り返す、何度も窓口に来るなど、認知症の疑いがあるお客さまに対する事例です。

＊

I　最近、認知症の疑いがあるお客さまへの対応で困っています。同じ質問を繰り返してきたり、一度話が終わっても初めてであるかのように話を蒸し返されたりします。

関根　高齢者ですと、そういうことはありますね。

I　時には、手続きに来たと言ってくるものの、本人も何の手続きかはわかっておらず、そもそも何ら手続きの必要がない場合もあります。

関根　本人も悪気はないわけですね。

I　はい。全くありません。この前など、すでに済んでいるものと同じ手続きをしに来て、この手続きは終わっていることを告げると、そんなはずはないと怒り出し、苦労しました。こういった認

関根　知症や認知症が疑われる方への対応は、どのようにしたらよいのでしょうか。

Ｉ　確かに、ご苦労なことだと思います。しかし、結論から言うと一般の人と同じ接し方をするしかありません。

関根　そうですか……。

Ｉ　そうなのです。特別な方法はないと考えてください。認知症や認知症が疑われる人でも人格はあります。また、意思決定ができないわけではないのです。

関根　しかし、現実的に判断力は乏しいですよ。

Ｉ　そのとおりだと思います。しかし、それを安易に決めてしまうことは、時には人権を軽視することにもなりかねません。意思決定ができるか、判断力があるかを、客観的に判断することは難しいことです。制度的に判断できるのは、成年後見制度です。ご存じのことと思いますが、後見人が選任されていれば、それは裁判所が本人の能力にある意味で限界を認めているわけですから、時にはご本人に話をせずに、後見人に話をすればよいでしょう。

関根　しかし、後見人が選任されているかどうか、わかりませんよね。

Ｉ　ですから、認知症の疑いがある人が来られたら、それを聞いてみてもいいと思います。しかし、仮に後見人が選任されていても、それは理屈上のことでしかないのです。

関根　どういうことですか。

Ｉ　どのような状況であっても、本人が役所に来れば現実的に対応しないわけにはいきません。

関根　あきらめるしかないでしょうか。

関根　そう言ってしまえばそのとおりですが、あきらめるということは必ずしも悪いことではありません。人間関係において、あきらめるということは、ある意味で相手の存在を否定しないということです。無視することではありませんから。

Ｉ　なるほど。

関根　もちろん、明らかにマナーが悪い人や迷惑行為を繰り返す人には、こちらも注意し、警告して、その行為をやめてもらわなければなりません。しかし、認知症は病に起因する症状です。注意、警告しても効果がない、それが現時点での相手の人格である以上、こちらの思うとおりにはなりません。ですから、それを積極的に認めるべきだとか、好ましく思うべきだというわけではありませんが、仕方のないこととあきらめるのです。公務員の仕事は、市民の誰にでも分け隔てなく、気持ちよく接することが大切です。たとえ話が通じにくい人でも、同じように接しなければなりません。いい意味であきらめて対応するのです。その中で、できることについては努力しましょう。

Ｉ　では、怒鳴ったりされたらどうすればいいでしょうか。

関根　もちろん、そうなったら「やめてください」と言いましょう。

Ｉ　でも、話が通じない人もいます。

関根　それも一般のお客さまと同じです。複数の職員で対応するとか、「やめていただけない場合は対応できません」と言うしかないでしょう。

Ｉ　暴れ出したら、どうすればいいですか。

関根　暴力行為などが見られたら、身を守ることを考えましょう。単純には、逃げる、避けることです。

逼迫したら、制止することもできないわけではありません。でもその前に、暴言や暴力は、話す力で防ぐ努力をすることが大切です。

I　どういうことですか。

関根　それは相手を否定しないことです。「違いますよ」「できませんよ」などとは言わずに、「そうですか」「はい、できることはやりますよ」とかわしましょう。実際にやるかどうかは現実の判断です。でも、それで安心してくれれば、話は次に進むでしょう。

I　なるほど。すべてが理屈どおりに進むわけではありませんね。

関根　いずれにしても、何かをしたいとか、何かに不満があるなどの理由で、その状況になっているのでしょうから、それを聞き取り、否定せずに信頼関係をつくることが大切です。他にも、対応の場所を変えるなど環境を変えたりすると、前の主張を忘れて話が変わる可能性もありますね。ただし、個室に案内すると、人によっては不安感を増すことがありますから気を付けてください。

I　難しいですね。

関根　確かに、大変なことだと思います。しかし、高齢者福祉とはそういう仕事なのだと思って乗り切りましょう。

I　わかりました。

このケースのポイント

①認知症が疑われる人とも、信頼関係をつくる努力を

認知症など精神疾患を疑われるお客さまに対しても、一般のお客さまと差をつけた対応をするわけにはいきません。たとえ、こちらの思うような結果にならなくても、公務員には、すべてのお客さまと信頼関係をつくる努力が求められる、その原則が揺らいではいけないのです。

②仕方のない状況は、素直に受け入れる

社会では、すべてのことがこちらの思惑通りに進む保証はありません。こちらはこちらの立場で努力はするものの、仕方のない現実は素直に受け止めなければならない場合もあります。よい意味で、あきらめるのです。あきらめることは、必ずしも相手を否定することではなく、その現状を受け止め、その中に身を置くことを意味するのです。

ケース10

救急現場でのクレームの対処に困っています

相談者は、ある市の消防本部の救急隊に所属する若手職員です。市民のためにと懸命に活動しているのにもかかわらず、救急現場で受けるさまざまなクレームに苦慮している事例です。

＊

J 私は消防署に勤務し、救急搬送の仕事をしていますが、現場でトラブルが多くて、困っています。

関根 どのようなトラブルを経験されたのですか。

J 例えば、119番で救急搬送依頼の電話を何度もかけてくるケースがあります。その方は、過去にもたびたび救急出動を要請しており、言葉は悪いですが〝またあの人か〟という印象です。

関根 最近は、救急車をまるでタクシーの代わりにでもしている人がいるそうですね。で、その方は、本当に救急搬送の必要があるのですか。

J 正直なところ、救急搬送の対象にならないケースです。しかし、過去はそうでも今回は違う可能性がありますから救急隊としては出動します。しかし、本人は悪びれず結構元気で……。

関根 軽症で救急搬送を依頼してきた場合はどうするのですか。

J　必要がなければ、救急搬送を断ることになりますが、「乗せろ」「乗せません」とトラブルになります。

関根　たとえ軽症であっても、相手が病んでいることは事実でしょうから、断るのも大変でしょうね。

J　はい。言い合いになったり、本人が暴れたりすることもあります。また、家族や近所の人が「本人がそう言っているのだから連れて行ってあげれば」と言ってくることも。こちらは、救急搬送の必要がないと判断しているのですが「万一のことがあったらどうするのだ」と言われると、現実には搬送することが多いです。

関根　なるほどね。

J　反対のケースもあります。家族や近所の人が通報してきて、こちらが現場に行ってみると、確かに救急搬送すべきと考えられるのに、本人が搬送に同意しないのです。「自分は大丈夫だ」「病院には行きたくない」とおっしゃいます。こちらとしては、本人が拒否している状況では、よほどの場合は別として救急搬送できません。

関根　困りますね。

J　また最近では、救急搬送しようとしても受け入れ先がないケースもあります。

関根　ニュースで見ました。救急隊は現場で症状を判断して、受け入れ先が決まってから、その医療機関に向かうのだそうですね。

J　はい。受け入れ先が決まらないと救急車は発車できません。しかし、「なぜ発車させないのか」「早く連れて行け」「早く動かせ」などと、周囲の住民からもクレームがきます。

関根　救急搬送の現場は非常事態ですから、そこで周囲の人にいちいち説明するわけにもいきませんよね。

J　あまり詳しい説明をすると、個人情報の漏えいにもつながりかねないので、難しいところです。市民のためと思って努力をしているのに、現場でクレームを言われるのは切ないですね。

関根　自分の理想どおりにいかない現実を埋めるのはプライドだと思います。

J　プライドですか。

関根　はい。あなたはなぜ、今の職業を選んだのでしょうか。

J　子どもの頃から憧れていたからです。

関根　ではなぜ、子どもの頃に憧れたのでしょうか。

J　人を助ける仕事が、かっこいいと思ったからです。

関根　その点です。多少の紆余曲折や市民とのやり取りはあっても、結局は人を助けていることには違いないでしょう。

J　それはそうですけど……。

関根　どのような仕事でも、すべて思うようにことが運ぶとは限りません。そこに矛盾を感じたら、本来の理想に戻って自分の立場については自分で理解するしかないのです。確かに理不尽なことを言ってくる人もいるでしょう。それはそれとして受け止めて、断るべきことは断る、これがこちらの人の命を守るということへのプライドです。救急隊の存在は、多くの人々の命を助け、社会に安心をもたらしているという実態があります。その一翼を担っているのですから、多少のクレームには毅然と対応しましょう。

J　ありがとうございます。現実に負けずに、理想を求めて頑張っていきます。

このケースのポイント

①現実と理想を埋めるのはプライド

クレーム対応は、ある意味でルールと現実とのギャップです。ルールや慣例をもとに担当者が判断した結果を相手方が受け入れない時に話し合いになります。それは事実上のクレーム対応です。クレームは、相手がいる以上、いつもスムーズに、理想どおりに話が展開するとは限りません。かといって、こちらの立場を変えるわけにいかないとすれば、自分自身の信念に基づいて行動するしかないでしょう。

②理想を忘れずに、毅然とクレームに対応しよう

仕事をする上においてのプライドとは、往々にしてその職業を目指した理由であったり、その職業に就いた当時の決意であったりするものです。初心忘れるべからず、といいます。人は誰でも今が一番若いのですから、迷ったら原点に戻って、その時点から気持ちを新たにして頑張りましょう。

COLUMN 「そちらの方」ってどちらの方？

役所の各種手続きでは、住民のプライバシーを守ることは基本中の基本です。しかし、あまりにこだわりすぎても困ります。笑い話のような実話です。あるお客さまが窓口でクレームを言いました。「俺の名前を呼ぶな。名前は個人情報だ。他の人に聞かれてしまうだろう」。確かに、名前は個人情報です。人に聞かれたくない事情がある方もいるかもしれません。そこで、この部署では、窓口でお客さまの名前は一切呼ばないことにしました。

「そちらの方、こちらへお越しください」「どちらの用件でしょうか」「こちらの手続きですね」「こちらにご記入ください」「こちらで終了です」「金額はこちらになります」

この言い方は、個人の情報を他人に聞かれることを防ぐという意味では効果があったと思われます。しかし、現実には、書類の確認・受け渡しミス、納めるべき金額のミスなどが多発しました。そして「なんだ、その言い方は！」「名前で呼ばないのは失礼だ！」などと、かえってクレームが増えたといいます。

ある面でやり過ぎると、他の面でかえって混乱を招きます。結局この部署では、最初のクレーム応対でたった１人のお客さまの意見に過度に反応してしまったということではないでしょうか。お客さまの不快な思いについては、お詫びをするなり、こちらの立場や方針を説明するなりして、理解を求めればよい、それが基本です。

個人情報保護は徹底して行われなければなりません。具体的方法としては、番号札で呼び出し、窓口に来ていただく方法がよいと筆者は思います。一方、お客さまの名前を呼ぶことは、社会通念上、決定的な悪行とは思えません。やりすぎるとかえっておかしなことになりますね。過ぎたるはなお及ばざるが如しです。

第2章

お客さまからこんなことを言われたら？

●「サービスって何だろう―サービスの目的を知る」

1 サービスとはルールを作って利用していただく仕事

行政はサービス業です。公務員は住民にサービスを提供しているのです。

では、そもそもサービス業とは何でしょうか。お客さまのクレームは、皆さんが提供しているサービスに対してのものなのです。ですから、クレームに的確に対応するためには、まず自分たちの提供しているサービスを知る必要があります。

世の中には、いろいろな仕事があります。農作物を作るのは第一次産業です。自動車やテレビなど工業製品を作るのが第二次産業です。サービス業は第三次産業と呼ばれます。このことは学校で習いました。サービス業とは物を作る仕事ではありません。では、サービス業とは何を作っているのでしょうか。そうです、**サービスとは役務の提供であり、そのルールを作って利用していただく仕事がサービス業なのです。**

例えば、誰もが利用したことのあるサービスの一つに宅配便があります。この宅配便はものを作っているのではありません。ヤマト運輸という会社が、宅急便と名付けて日本で初めてルールを作って始めた輸送サービスなのです。この会社は、その後もスキー便やクール便、時間帯別お届け、年末年始の営業等、今では当たり前になったルールを作って実施し、このことによって私たちの暮らしは大いに便利になりました。インターネットで物を買うことができるのも、オークションで個人間売買ができるのも、宅配便があるからのことです。

民間のサービスは、どちらかというと利便性を提供することが主目的であり、お客さまは便利だからそれを利用することが多いものです。もし、お客さまがある会社のサービスを気に入らないとするならば、お客さまはそれを利用しなければいいのであって、他のサービスを利用すればいいのです。結果として、誰からも利用されないサービスは淘汰されることになります。

筆者はかつて不動産会社でマンションを企画、販売する仕事をしていました。マンションを買ってくださったお客さまからは、○○に不具合が生じたから修理してほしいなど、さまざまなクレームが寄せられます。それはアフターサービス基準というルールに従って提供されることです。ルールの範囲内であれば、もちろん修理します。単純にいえば、それでクレームは解決します。つまり、会社はアフターサービス基準というルールを作って、お客さまに安心できる暮らしを提供しているのです。この場合は、瑕疵担保責任に近いもので、サービスをきちんと提供しなければ、会社の信頼は失われます。しかし、ルール以上の要望にはお応えすることはできません。当然にお断りすることになるわけです。

2 行政サービスの目的

行政サービスも基本は同じです。ルールとして法律や条例を作って、世の中に提供します。法律や条例までいかなくても、公民館や体育館などの利用上の注意事項や禁止事項、役所の窓口で並ぶ順番や各種手続きの手順等、さまざまなルールや基準を広く世の中に発布しているのです。

民間のサービスの目的が総じて利便性を追求し、結果として選ばれることがポイントなのに対して、**行政のサービスは社会の安定が目的です。**例えば課税のルールを決めておかなければ、税金の不公平が生じることにもなりますし、納期を決めておかなければ事務手続きの煩雑さにもなり結果として公的な経費の無駄遣いにもなるでしょう。滞納した場合のルールがなければ、逃げ得にもなり社会は大いに不安定になるでしょう。

3　サービスの3つの側面

ルールは公という概念に基づいて決められ、発布され、判断されなければなりません。人によって大きな損得が生じるルール、一部の人にしか知らされないルール、人によって判断や解決が分かれるルールは、あってはならないわけです。また、人によってルールそのものが曲げられてしまってはなりません。

そのうえで、ルールに基づいて提供されるサービスには3つの側面があるものです。

①基本的サービス

基本的サービスとは、サービス提供者が相手方に必ず提供しなければならないものをいいます。つまり、サービスを受ける人に対する義務ともいえるサービスです。

サービス提供者がお客さまに必ず提供しなければならない義務とは、先ほどの宅配便を例にとるとわかりやすいでしょう。つまり、預かった荷物をなくさないこと、壊さないこと、中を開けたりしないことです。もし、何らかの理由でなくしてしまった、壊してしまったということにでもなればどうでしょう。ケースによって判断される面はあるにしても、常識的には損害賠償という責任を取らなければならないわけです。

では、行政サービスについての基本的サービスとは何でしょうか。それは職務によっても違います。しかし、公務員という立場を最大公約数的な意味合いでいうならば、間違った事務処理をしないことであり、人によって差をつけた判断をしないことでしょう。万が一にもそれらのことがあれば、こちらも法的な責任を問われる可能性は否定できません。

つまり、民間でも行政でも、**すべきことをしっかりするという基本的なサービスを提供できなければ、責任問題になる可能性があるわけです。**

②期待的サービス

サービスには期待に応えるという側面もあります。このことが問題になることも多いものです。

その一つの例が接遇です。対応した職員が親切だったとか不親切だったとか、感じがよかったとか悪かったとか、それらを総じてサービスの良し悪しとして、行政でも民間でも話題になることが多いものです。民間だったら、そのことでお客さまを失うこともしばしばあるでしょう。行政ではお客さまを失うことはありませんし、決定的に責任問題になるかというと、必ずしもそうはなりませんが、接遇の在り方がクレームになることは少なくないと思います。

また、「……をやってくれませんか」などと、お客さまが何らかの要望をもって来るケースもあることでしょう。受ける側としては、お客さまの話を聞いたうえで「それはできます」「それはできません」と、ルールの範囲で判断し回答することになるわけです。それが「できる」という回答であればクレームにはならないと思われますが、「できません」という回答になると一部のお客さまは「なぜですか」

「こっちは困っているのだから何とかしてください」「おかしいでしょう」「すべきでしょう」などとクレームに発展することもよくあることです。

サービスの提供はルールによって判断されることですから、ルール以上のことはできません。そこは、お客さまの話も聞きながら、ルールを説明し、**それができないことである以上、いくら期待されていてもあきらめていただくしかないわけです。**

③提案的サービス

サービスでは、義務でもないし、要望されたわけでもないことを提供することがあります。これを提案的サービスといいます。つまり、こちらから「よろしければ、やりましょうか」と提案するのです。

その一つの例は、小さな親切といえるものです。混雑した列車の中で高齢者に席を譲る、道端に落ちているゴミを拾う、お困りの様子の人に声をかける等、機転を利かせてその場で考えて行うという意味で、筆者は創造的サービスとも呼んでいます。しかし、これらの行為も相手方に受け入れられるとは限りません。時には大きなお世話だと言わんばかりの逆恨みを買うこともあるかもしれません。

行政サービスに置き換えると、提案的サービスはある意味で、ルールを作る、ルールを変えることにつながります。つまり政策や制度、それに基づいた業務の執行です。新しいルールを作る、ルールを変えるのは、社会をよりよくするためです。しかし、新しいルールを作ろうとしたり、ルールを変えようとするとそれに抵抗する人もいるわけです。ルールができてしまってから、知らなかった、前のほうがよかったなどと、クレームが出ることもしばしばです。だからといって、こういった感覚を持つことに消極的になってしまっては、人としての矜持の問題です。**失敗を恐れずに正しいと信じたことを行う、**

このことこそ大切なことでしょう。

4　サービスに誇りを持とう

行政がルールを作る、発布する、運用するのは、社会の安定のためです。ルールは公を基本にする以上、一部の人の意見だけを尊重するわけにはいきません。ルールについてさまざまな意見、言い分があったとしても、その場で相手の言い分をしっかり聞き、背景にある事情や気持ちを理解し、話し合いながら、説明、説得していく、それがサービス業務における側面の一つであり、不可欠な要素です。そのことが、社会のさまざまな意見を尊重することにつながり、また新しいルールを作る基礎的な情報となります。その繰り返しが、社会をよりよくし、安定をもたらすことを信じて、粘り強くコミュニケーションするのです。それがクレームへの対応です。

ですから、クレーム対応は、それ自体がサービス業務そのものである、といってもいいでしょう。つまり**行政サービスにおけるクレーム対応は、余計な業務ではありません。誇りを持って取り組むべき本来業務そのものなのです。**

ケース1

税金、負担金などの「金額が高い」と言われます

クレーム対応の事例で、お客さまからよく言われることの一つに、税金、各種料金、負担金など、納めるべき金額が「高い」「高すぎる」という主張があります。

しかし、これらの金額は料率によって決められており、税額や負担金額などが決定されれば、どのように主張されようと基本的には変わらないわけです。一職員としてはどうすることもできません。お客さまの事情によっては、確かに負担が重いと思われるケースもあるかもしれませんが、減免制度など、相当する適用要件がない以上は、規定どおり支払ってもらわなければなりません。

相談者Aさんは20代の職員です。お客さまから、金額が高すぎるとクレームを受け、精神的な負担を感じているといいます。

＊

A　私は、市民から○○の負担金を徴収する仕事をしているのですが、よく「高すぎる」「何とかならないのか」などと言われます。

関根　確かに、そうしたクレームは多いようですね。

A しかし、高いと言われても、決められた金額については、担当者の裁量では変えられません。
関根 そのとおりです。
A 市民にもいろいろな事情があって、人によってはその気持ちがわからないわけではないですが、規定がある以上どうしようもありません。
関根 税金、負担金、料金でもそうですが、役所は規定によって算出しますので、金額そのものに感情による裁量が入る余地はないわけです。したがって、公務員が安易に「安い」「高い」などと言ってはいけません。政策として料率をどうするかの冷静な議論なら別ですが、単に高いか安いかを議論しても意味のないことです。「それなりのご負担はいただきます」と言うべきです。
A なるほど。
関根 そもそも、金額が高いか安いかは事実ではありません。それを受け止める人は、感情をもって解釈します。つまりは感覚の問題です。そういう感じ方もあるのだな、くらいに受け止めればよいでしょう。人はそのことに意味や価値を見いだせば納得できるわけですし、そうでなければ高いと感じて納得できないものです。
A はい。でも、いろいろなケースがありまして、中には理不尽な主張や常識とは思えない主張をしてくる人もいて、なぜそのようなことを言うのかと、暗い気持ちになります。
関根 よくわかります。高いか安いかは感覚の問題と言いましたが、それにはその方の事情もあるでしょう。収入が多くあり、今後もそれが見込める人とそうでない人とでは、負担の感覚は違ってくるでしょうね。また、負担すべき金額をきっかけにして、背後にある別の不満が表に出てくる人もいるかもしれません。

A　そうなんですよ。事情を聞くことで、何とかしてあげたいと思うケースもあるのですが、聞いてもどうにもならない別の話をされることもあります。

関根　市民にはいろいろな意見や事情があります。それらを束ねるのが、法律や条例などの規定です。最終的にはそれに基づいて判断するのは仕方のないことです。

A　他の部署でも、このような事例はあるのでしょうか。

関根　他の部署の職員と、こうした話をしたことはありませんか。

A　ええ、あまりしません。

関根　参考までに、他の自治体で相談を受けたケースを紹介しましょう。

A　是非、教えてください。

関根　ある市では「駅前に違法に駐輪していた自転車が、勝手に撤去された。その移動保管料3000円が高すぎる」という案件がありました。今時、自動車をパーキングに1日止めてもそんなにはしない、ほんの数時間でこの金額は高い、という主張です。

A　そう言われると困りますね。

関根　しかし、これは駐輪場の利用料金ではありません。金額は条例で決められたもので、過料の意味があるわけです。役所が決めた以上は、今後その場所には止めないでください、ついては今回は過料を支払っていただくことで反省してください、という趣旨に基づいて説明するしかありません。このクレームの背景には、高いという感情の他にも、これくらいのことはいいだろう、という思いや自転車を勝手に持って行かれたことへの怒りの感覚があると思われます。

A なるほど。このケースは、違法駐輪自体が悪いのだから仕方がないですね。

関根 他にも、住民票や各種証明書等の交付手数料についてのクレーム事例があります。例えば、自治体によっては一通につき300円から400円を徴収しているところが多いようですが、昨今はコンビニのコピーだって1枚10円、なぜそんなにするのだ、といった言い分です。

A システムの維持管理費用などもかかるわけですよね。

関根 そのとおりです。役所は利益を目的としているわけではありません。住民登録や戸籍などのシステムの費用の一部を負担してもらおうという発想です。しかし、例えば、証明書の発行などで待たされたりすると、不満の感情がこの言い分となって出てくるのかもしれません。高い、安いは感覚の問題です。これに関するクレームは、仕方のないことだと考えて、包容力をもって対応を続けてください。

A よくわかりました。金額のことについては、これからは自信を持って対応していきたいと思います。

このケースのポイント

①税額や負担金額が高いか安いかは、事実ではなく感覚の問題

「高い」「安い」は事実ではありません。その人の感覚の問題です。安易にその議論に乗っても仕方のないことです。それを論じてくるお客さまは、その事だけではなく、その周辺に感覚的な不満を持っていることも多いものです。そういう気持ちになった背景を聞き取り、こちらも法や条例の趣旨を丁寧に話しましょう。

②気持ちを受け止めた上で、規定にしたがって毅然と説明する

税金や負担金などは、基本的に一定の料率で公平に付加されます。その内容をご理解いただくことは、社会のルールや常識的な決まりをご理解いただくことになります。そのことも、公務員の責務でしょう。

ケース2

倒木の恐れのある桜の木を切ったら「なぜ切ったのか」とクレームがありました

相談者は、街路整備を担当する職員です。住民からの要望もあり、倒木の危険がある桜の木を切ったところ、近所に住む別の住民から、「毎年楽しみにしていたのに、なぜ切ったのか」というクレームが寄せられました。

＊

B　私は、街路の整備を担当する部署にいるのですが、ある場所の桜の木を切ったところ、住民からクレームが寄せられました。「毎年桜が咲くのを楽しみにしていたのに、なぜ切ったのか」というのです。

関根　桜の木を切った経緯をもう少し詳しく伺えますか。

B　はい。ある市道の脇に桜の木が、５本ほど植わっていました。あまり手入れがよくなく、樹齢も長かったので、倒木となると危険な状態だと判断して、幹の部分から切ったのです。

関根　その木は、公道上に植わっていたのですか。

B　はい。４ｍほどの幅員の市道の端です。車の通行の邪魔にもなりますし、別の住民から切ってほしいという要望もあったものですから。

関根　なぜ、その木は市道上に植わっていたのでしょうか。

B　経緯はわかりません。現地は古い街路が入り組んだ地域で、かなり前に誰かが植えたものと思われます。

関根　確かに、古くからの市街地には、私道を市に移管したケースも多いですからね。

B　ええ、相当前の舗装もされていなかった頃のことだと思います。それで、まずは倒木を防ぐために幹から切って、いずれ舗装を更新するときに根を取り除く予定です。自治会とも協議の上で切ったので、こちらとしては手順を踏んだつもりだったのですが。

関根　それはそうでしょうね。今回、クレームを言って来ている人は、前に要望を寄せて来た人とは当然、違う人なのですよね。

B　はい。付近にお住まいの別の方です。「桜が咲くのが楽しみだったのに、がっかりした」などと言われました。

関根　その木の所有者、というわけでもないのですね。

B　はい。先ほどお話ししたとおり、誰が、いつ植えたのか、その経緯もはっきりしていないものですから。

関根　なるほどね。こういう問題については、切ることを主張する人にも残すことを主張する人にも、悪意はないと思います。行政がそのように判断したわけですから、そのことに自信をもって説明するしかないでしょう。

B　納得していただけるでしょうか。

関根　それは何とも言えません。しかし、現実には切ってしまっていますから、元には戻りません。結論としては、あきらめていただくしかないでしょう。

B　どのように説明したらよいですか。

関根　ポイントは危険の除去だと思います。古木であったこと、風化が進んでいたことなど、事実を前面に出して、行政担当者としてこのままにしておくことができないと判断した、と説明することですね。

B　切ってほしいという要望があったことは、言ってもいいでしょうか。

関根　一般的に事実は言ってもいいと思いますよ。ただし、「誰が言ったのだ」と犯人捜しになってしまうとよくないので、今回のケースでは言わないほうがいいでしょう。

B　今回は樹木医の鑑定を受けたわけではありません。当時の樹木の状態が切る必要があるほど危険だったのかについては、証明しにくいですね。

関根　行政のすべての判断に第三者の鑑定、証明を得ることは事実上不可能です。ですから、こちらの判断が正しい、住民の判断が間違っている、というニュアンスを出してはいけません。どちらが正しいとは言わないで、どちらも正しいのだけれど、今回のケースは担当者がこのような判断をした、ということです。

B　議論は平行線になりませんか。

関根　それは仕方のないことです。こちらの判断が正しいことを理屈っぽく言うと、反発は必至です。

相手方も理屈で対応してくるでしょう。したがって、価値観を押し付けず、時間をかけて、粘り強く対応することです。

関根 あきらめるのを待つのですか。

B そう言ってしまうと切ないですが、考えが一致せず議論が平行線のまま推移することは、よくあることです。「まあ、仕方がないな」と思っていただくことが現実的でしょう。ですから、そういう要素も使って、解決を目指すということです。理屈っぽい展開になると、お互いが許せなくなりますから。

関根 それにしても、日本人はなぜ桜にこだわるのでしょうか。

B それについては、私は専門家ではないのでよくわかりません。確かに桜に対する価値観には、独特のものがありますね。価値観はそれぞれの人の自由ですから、否定も肯定もしなくてよいでしょう。

関根 はい。

B ところで、市には今回の件とは別に、緑を守るとか増やすといった政策やプロジェクトもあるでしょうから、一方でこんなこともやっていますよ、と住民の意識を他の方向に向けることも、現実的な判断として受け入れてくれることにつながるかもしれません。

関根 わかりました。ありがとうございます。やってみます。

このケースのポイント

①価値観の相違は、どちらが正しいという議論にしない

価値観とは、その人の善悪の判断の基準という側面があります。人は時にその価値観に一生を捧げるほどであり、それはその人の人格といってもいいほど重いものです。価値観はすべての人が微妙に違うものを持っています。どちらが正しいのではなく、お互いを認めることから理解を深めましょう。今回のケースでは、桜の木を愛するこの人の気持ち、万が一にも事故を起こしたくないというこちらの気持ち、どちらも正しいのです。

②自分の判断に自信を持つ

ある決断が正しいものか、そのすべてを証明することは事実上不可能です。また、時代や事情が変われば、その正当性も変わるかもしれません。ある事象を担当する者は、その時点で十分に情報を集め、その時点で決断したことに自信を持ちましょう。決断した内容に揺らいでいては、相手は納得しにくいでしょう。もし、ある決断を後になって変えるなら、それはその時点で理由を示せばいいことです。

ケース3

「録音するぞ」と言われました。断ることはできるのでしょうか？

相談者は、許認可を扱う部署で、市民から窓口の応対内容について「録音したい」と言われたある市の職員です。許認可を扱う部署などでは、その解釈や判断によって、市民や事業者に大きな負担を課すケースがあります。時に、説明内容の証拠を残すために、事業者が録音を要求してくることがあるようです。

＊

C 私の部署では、説明や指導の内容、結果次第で相手方に大きな負担を課す可能性があります。そこで、お客さまから「説明を録音したい」という申し出があるのですが、これは断ってもよいのでしょうか。

関根 最近は、念のために録音しておきたいという申し出が多いようですね。それで、いつもはどのように対応しているのですか。

C 基本的にはお断りするのですが、人によっては「なぜだ」と声を荒げることがあるので、どうしたらよいか困っています。

関根　そうですか。では、当初の質問にお答えしますが、話し合いの内容を録音することについては、規制する法律はないそうです。

C　では、自由に録音してもよいということですか。

関根　はい。私の知る限りではそうです。自分が参加している会話を、自分の記録のために録音することはかまいません。

C　では、録音を断ることはできないのですか。

関根　そうではありません。法律がないというだけのことですから、録音してほしくないのであれば、それを主張すればいいことです。多くの方は、やめてくれるのではないでしょうか。

C　なるほど。それでも相手が納得せずに録音した場合、どうしたらよいでしょう。

関根　相手方がどうしても録音するということなら、強制的にそれをやめさせることはできません。

C　そうですか……。

関根　極論を言えば、相手方がこちらの意に反して録音を強行するのならば、こちらは口を閉ざせばいいのです。しかし、役所の立場としては市民に説明しないというのは難しいですね。

C　私のイメージでは、お客さまが録音を迫ってくる状況は、あまり良好な関係とはいえない気がします。

関根　イメージで人を区別してはいけませんが、録音を迫ってくるお客さまは、どこかにこだわりがある方で、役所への不満や不審を募らせているケースが多いと思います。善意のお客さまなら、録音されても後で問題になることはないのでしょうが、そうでない場合は、録音されると、あまりいい気持ちがしませんね。

C　そうですね。

関根　そこで、そういう要求が出て、こちらが断っても無理に録音を要求してくるならば、こちらも同じ手段をとるしかありません。

C　どういうことでしょうか。

関根　簡単なことです。こちらも録音するのです。

C　そんなことをしてもいいのでしょうか。

関根　申し上げたとおり、録音を規制する法律はないのですから。

C　そうでしたね。

関根　ですから、脅しや威圧の意味で「録音するぞ」などと言ってくるタイプの人への対応は、「間違いがあってはいけませんので、こちらも録音させていただきます」と返して、堂々と録音することです。

C　そうすると相手方が怒り出すのではないかと心配です。

関根　そこは意思を強く持つことです。また、どういう場合に録音するか、職場であらかじめ決めておくとよいでしょう。録音すれば、相手も暴言など非常識な発言をしにくくなります。ただし、録音は必要性を述べて堂々とすべきですね。

C　どういうことでしょうか。

関根　つまり、相手方の許可を得ずに録音しても法的には問題ないわけですから、相手にそのことを通

C　知しなくてもよいのですが、役所の職員が勝手に録音していたことが後でわかると、市民は相当に感情を害すでしょうね。

関根　なるほど。

C　最近は録音する機器が小型化しているので、相手方から実際に録音されてしまうと事実上防ぎようがありません。例えば、スマートフォンなども、多くの人がすでに持っていて、録音機能がありますから、無断でスイッチを入れている可能性があります。

関根　そういうことだと、不安ですね。

C　そうですね。最近の録音機器は音声をデジタル処理していますから、編集される可能性もあります。都合のよいところだけをつなぎ合わせて、インターネットにアップされてしまうかもしれません。

関根　へえ、怖いですね。お互いの信頼関係があれば、録音も必要ないのでしょうね。

C　私もそう思います。確かに録音は記録のためにいい方法です。しかし、〝そこまでするか〟という感覚もありますね。記録なら以前は紙に書きつけることでよかったわけですが、現代ではより確実な方法で記録することが求められているのだと思います。

関根　わかりました。ありがとうございました。

このケースのポイント

①録音は、相手の承諾を必要としない

会話を自分の記録のために録音することについては、相手の承諾を必要としません。したがって、無断で録音することについて規制はありません。話し合いの結果が大きな影響を及ぼしそうな場合、後になって言った、言わないというトラブルを防ぐためにも、録音は有効な手段といえます。ただし、無断で録音していたことが後になって発覚すると、相手方は相当に感情的になるだろうことは容易に想像できるでしょう。したがって事前に話し合い、お互いの納得の上で録音することが大切です。

②録音には、暴言などを抑止する効果がある

録音することはリアルな記録として残ることを意味します。したがってそれを行うことで、お互いに不正な発言、非常識な言い分を慎む傾向が期待できます。実際に、録音することで、クレーマーが来なくなった、それまで行っていた暴言や威嚇をしなくなったというケースもあります。

ケース4

「上司を出せ」と言われたら、どうすればいいでしょう？

相談者は、ある市の国保年金担当の若手職員です。お客さまから「上司を出せ」と言われ、カウンターから見える位置に上司がいるので、断りにくく、対応に悩んでいる事例です。

＊

D　私は国民健康保険の窓口を担当しています。比較的クレームが多い部署で、例えば、国民健康保険税を納めていないお客さまが、急に病院に行くので保険証を出してほしいといった要望があります。

関根　あちこちの自治体でよく聞くケースです。でも、そう簡単には発行できませんよね。

D　もちろん、原則的には過去の未納分を遡及して納めていただかないと、保険証の発行はできません。でも、それを説明しても納得されないお客さまが多いのです。今回、ご相談したいのは、その際にお客さまから「上司を出せ」と言われることについてです。

関根　「上司を出せ」というクレームについては、まずは「私が担当者です」などと言って断ることが原則的な対応です。

D　そうしているのですが、それでもしつこく要求されたり、時には大声を出されたりすることもあります。一番バツが悪いのは、お客さまから私の後方に座っている上司が見えていて、その上司に向かって話しかけられるケースです。

関根 最近の役所は、大きな室内空間をカウンターで仕切っているパターンが多いので、お客さまの位置からは部屋全体が見渡せますね。そうすると「あそこにいるじゃないか、呼んで来い」となるわけですね。

D はい。カウンターでお客さまが直接呼んでいるのに、顔も向けず、出て行かないとなると、お客さまは無視されたと感じ、ますますイライラされて、こちらへの風当たりが強くなります。

関根 上司が外出でもしていれば「出かけております」と断れますが、そこにいると確かに断りにくいでしょうね。

D どうしたらいいでしょうか。

関根 先ほどお話ししたとおり、「私が担当です」と言って断ることが基本ですが、お客さまから上司が見えているとなると、その先は、ケースバイケースでしょうね。

D どういうことでしょうか。

関根 お客さまと上司との距離感もありますし、目と目が合ってしまった時などは、上司が自ら出て行くことも方法のひとつだと思います。先ほど、Dさんがおっしゃったとおり、顔が見えて目と目が合って、自分が呼ばれているにもかかわらず、出て行かないのは白々しい対応ということにもなります。無視されたと気を悪くされることにもなりかねませんからね。ですから、担当者が上司を呼びに行くこともあるでしょうけれど、上司の方から出て行ってもいいと思います。

D でも、上司が出ることは、結論を迫られることになって、よくないのではないでしょうか。

関根　上司が出たからといって、その場で結論を即答する必要はありません。「そのことは、担当者の意見を聞いてから」とか「過去の事例を調べてから」などと伝え、「最終的には私が決断します」と言えばいいことです。また、上司を出したからといって、そこから先は上司が一人ですべてに対応しなければならないということではありません。担当者もそのまま同席し、話し合いの軌道修正がある程度できたら、「では、ここから先は担当者から説明させます」と、上司が先に自席に戻ることが大切です。

D　それでも、上司を出さない方法はありますか。

関根　先ほどのように「自分が担当します」と言い張るとか、「上司は他の仕事があるので対応できないのです」などと言うことはできますが、その場合は、相手方も気を悪くするでしょうね。

D　確かに「上司の顔が見えるのに……」と、相手も怒るでしょうね。

関根　はい。でもそれは仕方のない現実です。他にも「上司から説明すれば納得するのですか。それを約束してくれれば呼んでもいいですよ」などと引導を渡すケースもあってもよいかもしれません。

D　上司がお客さまから見えないといいのですが……。

関根　それも一つの考え方でしょうね。多くの役所では、部長級になると個室があったり、衝立てで見えないように仕切ってあったりしますね。しかし、課長級の管理職は同じフロアでお互いがよく見えて、そばに行きやすい、話しかけやすい配置になっています。その方が実務的に効率がよいからです。ですから、大きな部屋の一画にいてすべてが見渡せる席にいる職員は、上司であっても時と場合によってはお客さまのところに行くことも、可能性としてあるということです。

D　なるほど、よくわかりました。

関根　ただし、いつでも上司が出て行くわけにはいきません。そういう事例があったら、事後に上司とともに、今度同じようなことになったらどうするか、話し合っておくとよいと思います。

D　ありがとうございます。上司と相談してみます。

このケースのポイント

①上司が出るかどうかは、臨機応変に

上司を出すか出さないかは、状況や内容、今後の展開などを勘案して、その場で判断することになります。上司を出さなければならないということはありませんし、出してはいけないということもありません。窓口での対応に不安を感じたら、上司は自ら積極的に出て行ってもよいと思います。こんな場合には上司に出てもらう、こんな場合は上司を出さずに担当者が対応するなど、普段から話し合って共通の理解を持っておくことが大切です。

②上司が出ても担当者も同席する

上司が出て行ったとしても、その後、その案件のすべてを引き継いで担当する必要はありません。その案件を担当するのは、あくまで当初の担当者です。上司とともに担当者も同席し、話し合いが正当な方向に進んだら、上司が先にその場を去り、事務的な内容、具体的な手続きは、担当者から説明するのがよいでしょう。

ケース5

「前の担当者を呼べ」と言われたら、どうすればいいでしょう？

ある市の保険年金課の担当者からの相談です。４月に異動して、最近この部署に来たということですが、あるお客さまから「前任者の説明が不十分だった。それについてひとこと言いたいので、前任者を呼べ」と、要求されたようです。

＊

E 窓口に最近いらしたお客さまに、保険年金についてあることを説明したのですが、以前の担当者と話が違う、と言われまして……。

関根 その方は、以前にも窓口に来ていたのですか。

E ええ、本人いわく、２月に仕事を辞める前提で、転職した際の保険年金の手続きについて説明を受けたらしいのです。

関根 以前の担当者の時に、２月に仕事を辞める前提、ということは、窓口に来られたのは、それ以前ということですね。

E はい。１月中旬から下旬のようです。

関根　その時に対応した職員は、当然Eさんではないわけですね。

E　はい。そのお客さまは自営で事業を始めたらしく、会社の設立とか、人の雇用とか、その時期にいろいろな窓口へ行って、問い合わせをしていたらしいのです。

関根　その方は、いわゆるクレームのマニアではないようですね。

E　はい。人に迷惑をかけるような人ではありません。筋の通った話をされる、しっかりした方です。

関根　それで、前任者と話が違うというのは、どういうことでしょうか。

E　事業を始めるので国民年金に加入するつもりだったようですが、社会保険に加入することもできるということを、こちらが説明しなかったということで……。

関根　それによって、その方は不利益を被ったと……。

E　そういうことです。まあ、不利益というほどのことでもないようですが。私が改めて説明したところ、きちんと理解していただけたものの、以前の担当者に会いたいと言われまして……。

関根　その担当者というのは、特定できているのですか。

E　はい。私の前任者です。お客さまが名前を覚えていたので、間違いないでしょう。

関根　このお客さまが、以前の担当者に会いたい理由は何でしょう。

E　「事前にきちんと話を聞きに来たのに、十分な説明をされなかった」とおっしゃって……。

関根　一言、忠告したいというのですか。

E　はい。一言、謝ってほしいということでしょうか。とにかく、筋を通すタイプの方です。

関根　で、その前任者は、本当に間違った説明をしたのでしょうか。

E　わかりません。間違った説明をしたわけではないと思いますが、結果的に不十分だったのかもしれません。お客さまが誤解された可能性もあります。

関根　前任者には、確認をしたのですか。

E　いいえ、していません。上司と相談の上で、今の担当者が責任をもって対応するということでやっています。

関根　それでいいと思いますよ。

E　ですが、お客さまは「それでは筋が通らない」とおっしゃって、「とにかく前任者を呼んでほしい。ひとこと言いたいだけだ」と。

関根　でも、組織で仕事をしているのですから、たとえ前任者が間違っても、今の担当者が話を収めるのが原則でしょう。

E　そうですよね。でも、このお客さまは、そこにこだわっていて……。

関根　どうしても、前任者に反省を促すのであれば、こちらからそのことを伝えておきます、ということを主張すればいいでしょう。

E　それも言いましたが納得してくれません。このお客さまは、基本的に悪意がないので、私としては前任者を呼べば、それで終わるのではないかとも思うのですが、呼んだらまずいでしょうか。

関根　こうした問題は、どうすればいいというルールはありません。こちらとしては、「こういうやり方でやります。それで、ご納得ください」と言うしかないでしょうね。

E　やはり、呼ばないほうがいいですかね。

関根　呼ばないほうがいいとか、呼んではいけないということではありませんが、上司と話をしてそういう方針で行こうと決めたのであれば、呼ばなくてよいでしょう。それ以降の議論は平行線になっても仕方ないと思います。

E　やっぱりそうですよね。

関根　ただし、念のために申し上げますが、ここでお客さまを不快にすると、前任者の名前を覚えているので、自分で探しに行ってしまうこともありえますね。

E　なるほど。

関根　このケースでは、お客さまに無用な不快感を与えると、事態が悪化する可能性を危惧します。

E　では、どうしたらよいですか。

関根　あなたと、必要なら上司も同席して、お客さまの意向を前任者に確かに伝えることを強調してください。向こうも筋を通したいと言うのですから、こちらも「こちらのやり方で筋を通させてください。お願いします」と、頭を下げるスタンスで行くのがいいと思います。頭を下げることは敗北ではありません。こちらの信念を認めてもらう方法だと考えてください。

E　わかりました。やってみます。

このケースのポイント

①前任者のトラブルは現担当者が収めるのが原則

「前の担当者はできると言った」「前の担当者と話が違う」このようなクレームはありがちです。こちらとしては、前の担当者がどのような話をしたのか、その場ではわかりませんから、客観的な5W2Hを聞きつつ、相手の不満や申し出を聞き出しましょう。しかし、どのような言い分が出て来ようとも、原則的には現担当者が判断すること、これが現時点での結論であるべきです。

②頭を下げることで納得してもらうのもやり方の一つ

お客さまに不満が残るケースでは、不快な思いをさせて申し訳なかった、と主張して収めましょう。頭を下げることは必ずしも敗北を意味しません。頭を下げてしばらく黙ることは、こちらの意思を伝える手段です。その事で、仕方がないなと納得してくれれば、それもやり方の一つです。

ケース6

「男に代われ」とお客さまに言われます…

相談者は、ある市の建築指導課に勤務している女性の建築技師です。この市では女性の登用を積極的に進めており、技師、管理職にも女性が増えています。女性が少ない職場では、女性職員が対応すると、お客さまから「男に代われ」と言われることが多いといいます。

＊

F　私は、建築技師をしています。建築指導課にいますので、建築計画、設計の審査や市民からの相談に応じているのですが、一部のお客さまから「男の職員に代わってほしい」と言われます。

関根　確かに技術系の職場は、従来、男性の職場というイメージがありましたね。

F　ええ、でも今は男性、女性の区別はありません。私の職場では女性の技師は私も含め3人いますし、役所全体でも女性の管理職が増えています。このように言われた場合、代わった方がいいのでしょうか。

関根　もちろん、代わる必要はありません。「男性に代わってほしい」と言う人の中には、女性は融通が効かないなどと、現実的ではないイメージを持っている人もいるようです。

F　確かに、お客さまの中には自分の思うような回答が得られないと、そういうことを言う人がいます。でも、初めから「男の人はいないのか」などと、言ってくる人もいて、空しい気持ちになります。

関根　まだ、そういう人がいるのですね。

F　はい。女性を蔑視していると感じることがあります。そういう人は「いいから、男を出せ」と、私には話もしてくれません。

関根　それは、あってはならないことですね。

F　ええ。こちらは担当者として自分の責任を果たそうとしているのに、本当に暗い気持ちになります。

関根　そういうことを言う人は、比較的年齢の高い男性が多いのではないでしょうか。

F　そのとおりです。若い人や女性は、まずそのようなことは言いません。

関根　それでFさんは、そのような場合は、どうしているのですか。

F　ある程度は、説明させてほしいことを伝えますが、結局、男性職員に代わってもらうことが多いですね。でも、自分としてはこの状況に納得できません。

関根　納得する必要はないと思いますよ。

F　では、どうしたらいいですか。

関根　考え方は、二つです。一つは、自分が担当者であることを言い通すことです。担当が男性であろうが女性であろうが、自分が担当である以上、安易に代わらず、自分が対応することを主張して断ります。

F　そうすると、お客さまが怒り出します。

関根　そのことに屈してはいけません。「男性、女性は関係ありません」「私が担当です」「必要があれば、私から上司に相談します」「私に話をしてください」と言えばよいでしょう。

F　でも、断り切れるか心配です。

関根　そうなると、もう一つの考え方です。それは気にしないことです。

F　どういうことですか。

関根　年配者などの中には、考え方が凝り固まっている人がいます。例えば、男性は外で働くものであり、女性は家を守るものなどという観念です。そういった考えは時代遅れですし、それを押し付けることはよくないことです。しかし、そのような人に「その考え方はおかしい」などと説得しても、現実的には何も変わらないでしょう。むしろ、感情的にさせてしまう可能性もあります。

F　我慢するということですか。

関根　我慢ではありません。〝男でないと〟という考えを、決して許しているわけではないけれど、本題の市民サービスを進めるために、それを問題にしないということです。あなたの仕事は、建築に関して説明することでしょう。

F　それしかありませんか。

関根　それしかないとは言いたくありませんが、現実的にそういう考えの人に話をしても、にわかに改心は望めません。自尊の欲求が、偏向した形で表れているのでしょう。もしかしたら、男女の差別はよくないことをわかってはいても、気持ちを素直に表現できない人なのかもしれません。いずれにしても、あなた自身が否定されたとは思わないことです。ただし、上司や男性職員の助けを借りたとしても、同席して一緒に説明してください。あなたが担当者であることは変わりがないのですから。

F なるほど。

関根 お客さま対応の過程で、上司から要所要所で「このことについては担当者から説明させます」などと指示してもらい、案件をきちんと説明したという実績を残しましょう。こうしたことは、上司や男性職員と普段から話し合っておくことです。

F やってみます。

関根 あなたが常に説明に加わることで、お客さまは男性か女性かではなく、担当者としてのあなたを認識してくれるでしょう。この人が担当だということを、最終的にわかってくれればそれは成果でしょう。

F わかりました。あまり気にせず頑張ってみます。

このケースのポイント

①「男に代われ」の言い分は、気持ちをしっかり持ち、受け流す

お客さまの中には、感覚的に異性の対応を許せない人がいます。しかし、それは仕方のない現実であり、特に高齢者の場合、そのことを言ってもわかってくれないでしょう。自分の考え方として、そのことを認めはしないけれど、受け流すことも仕方のないことだと思います。もし、それ以上にひどい主張が繰り返されるならば、お客さまと同性の上司から、男女の差はないことを説明してもらうことも方法の一つです。

②業務の担当者として、責任を持って最後まで関わる

上司や異性の職員の助力を得てお客さまに対応したとしても、お客さま対応はあくまで担当者の役目です。担当者は常に同席して、上司のフォローを得ながらも必要な説明は自分ですべきです。その実績を積み重ねて、そのお客さまには男女の差を感じさせない習慣をつけて行くのが現実的なことでしょう。

ケース7

こちらは悪くないのに「謝れ」と言われました

相談者は、福祉を担当する30歳の男性です。彼は、住民から無理難題を突き付けられることが多く、それを断ると謝罪を求められることがあると悩んでいます。

＊

G 福祉を担当しているのですが、うちの部署では、こちらは悪くないのにお客さまから謝罪を求められることがよくあります。

関根 例えば、どういう場合ですか。

G お客さまの言い分を聞いて、できることがあれば、何とかしたい気持ちから、様々な条件を説明するとどうしても理屈っぽくなってしまいます。すると「説明が不親切だ。謝れ！」と言われるのです。また、お客さまが無理を言ってきて、それを断る場合もあります。お客さまは、完全には納得せず、「俺をバカにしているのか。謝れ！」などというケースもあります。

関根 たとえどんな理由があっても、誰でも断られるのは、気持ちのいいことではありませんから、確かにそういう言い分もあるでしょうね。

G　しかし、無理を言うから断っているわけで、規則の上でダメなものはダメなのですから……。それでも謝らなければいけませんか。

関根　一概には言えないかもしれませんが、お客さまがそのような言い方をする場合、お客さまは本題については、内心「仕方がないのかな」と思っているのではないでしょうか。

G　確かに、そういう面もあると思います。

関根　お客さまへのサービスには規定や基準があります。そのことは、役所でも民間でも同じです。お客さまの要望に対しては、無制限に何でもしてくれるわけではありません。多くのお客さまは、気持ちのどこかでそれを理解しています。しかし、ある状況に置かれ、またある立場に立つと「おかしい」「何とかならないのか」などと思うものです。それが要望やクレームとして寄せられるのです。

G　そのとおりだと思います。

関根　人が理解、納得するには時間も必要です。クレームに対して、こちらが説明を続けることで、時間の経過とともにお客さまもだんだん結論が見えてきて、「やっぱりダメそうだ……」と思う。そういう状況になればクレーム対応は終わるのです。

G　なるほど。

関根　しかし、人間には自我の感情があります。本題、つまり自分の主張についてはダメだと思っても、感情的な不快感は残っているわけです。そこで、最後に本題から少しずれた部分でこちらの何らかの欠点を指摘して「謝れ」となるわけです。

G　それが「説明が悪い」「不親切だ」といった話になるわけですね。で、このような場合は、どうすればよいでしょうか。

関根　このような展開では、相手方はほぼあきらめが入って来ていると思われます。悪い、不親切は感覚の問題ですから、謝ってあげたらいいと思いますよ。

G　こちらが悪くないのに、謝るのですか。

関根　こちらが悪くないから、謝るのです。

G　え、どうしてですか。

関根　正確にいうと、こちらが悪いわけではありませんから、謝罪する必要はありません。しかし、要望に応じられないことで、相手方は不快感を持っているでしょうから、お詫びをするのです。

G　どういうことでしょうか。

関根　謝るという概念には、二つの意味があります。こちらが明らかに間違っていた、悪かったと認めて「申し訳ございません」と言うのは謝罪です。しかし、こちらが悪いわけではないが、相手が不快な思いをしたことについて「申し訳ございません」と言うのであればお詫び、つまりは相手への心配りと考えたらどうでしょうか。謝罪とお詫びは違うのです。

G　なるほど。

関根　このことは国語的な意味ではなく、人間関係を維持するためのコミュニケーションの方法と考えるべきだと思います。

G　でも、こちらが謝ったら「責任を取れ」などと、反論されるのではないかと心配です。

関根　こちらが悪くないのに「申し訳ございません」などと言ってしまうと、こちらが悪いと罪を認めたことになる、下手に謝ると責任を取らされる。このように考えている方が時々見受けられますが、それは俗説です。少なくとも法律の世界ではそのようなことはないそうです。要は何に対して「申し訳ございません」と言ったのかが問題なのです。

G　わかりました。

関根　相手が無理難題を持ちこんできているわけですから、謝ったところで、そもそもこちらには責任はないわけです。「不親切だ」といった言い分は、立場の差から生じた言い分でしかないのですから。それが、理屈の上で明らかな責任になることはありません。

G　私にできますかね。

関根　そこは心を強くもって対応することです。それしかないと思います。「あなたの要望には応じられません。不快な思いをされるとしたら、その部分について心よりお詫びをします。申し訳ございません」と言えばいいでしょう。「できないことは、できません」と。

G　わかりました。やってみます。

このケースのポイント

①謝罪とお詫びを使い分ける

一般的に謝るという行為は、コミュニケーションの状況として謝罪のケースとお詫びのケースがあります。本文でも述べたように、自分が悪かったと非を認めて謝れば謝罪ですが、迷惑をかけた、心配をさせた、不快な思いをさせた、というレベルでは、その気持ちに対して言葉をかけた心配り、詫びと解釈すべきです。こちらが悪くないのだから、一切謝らないというのではなく、詫びのレベルで「申し訳ございません」と言うことは会話の潤滑油になるものです。

②詫びによって非を認めたことにはならない

謝ったら非を認めたことになる、こちらが悪くないなら謝らないほうがいい、という考え方を持つ人がいますが、これは謝罪と詫びを混同したものです。詫びはこちらに非があると認めているわけではないのですから、その発言によって責任を取らされることはありません。

ケース8

「お前の顔を覚えておくぞ」と捨て台詞を言われ、とても不安です…

相談者は、ある市の福祉課で福祉給付金に関する業務を担当する職員です。お客さまの捨て台詞に不安を覚えるといいます。

＊

H　私は、福祉給付金の支給業務を担当しています。

関根　所得の低い高齢の方に給付する制度ですね。

H　はい。前年度に非課税の方に申請書を送り、書類を返送していただいて給付することになっています。今回のケースでは、ある方に申請書を送り、記入された書類が返送されたので、指定の金融機関に給付金を振り込みました。しかし、その後の調査の結果、その方は被扶養の実態があり、給付対象外だったことが判明したのです。

関根　そういう場合は、どうなるのですか。

H　文書を送り、返金していただくようにお願いしています。

関根　それで、どうなりましたか。

H　その方の場合は、その後電話でも説明し、結局納得してくれました。

関根　こういったこともないわけではないのでしょうね。扶養されているのなら、本来は本人が申請を見送るべきですよね。

H　そのとおりですが、実際は内容を把握せずに、書類を返送してくる人も多くて……。

関根　給付対象でないことを知っていて、申請する人もいるのですか。

H　このケースの場合、そこまで疑っているわけではないのですが、たまたまそういうことになってしまったので、返納していただいたのです。

関根　よかったですね。

H　ところが、後日、その方の息子と名乗る人が窓口に来て、「一度給付されたものを返せと要求するのはおかしい」と言ってきました。こちらは制度の趣旨を説明し、支給対象外であることが判明したので、仕方がないことだったのだと、お詫びをしました。

関根　それでいいでしょう。こちらは間違ったことをしたわけではありませんし、仕方のないことですので、詫び言葉を使いながら、納得いただくのは常識的に正しいと思います。

H　しかし、この方は激しい口調で不満や雑言を述べられ、こちらも相当に傷つきまして……。

関根　それは、大変でしたね。

H　何と言われようとも、返納していただかなければならなかったので、結論は変わりません。結局、この方は「もういいよ」と言って、帰って行きました。

関根　つらい局面もあったかと思いますが、一件落着ですね。

H　でも、最後には「だから役所は嫌いなのだ」「お前ら、税金で暮らしているくせに」「お前の顔を覚えておくぞ」などと言われました。

関根　捨て台詞ですね。

H　給付金支給という、皆さんのためになる仕事をしているのに、そこまで言われるとつらくなります。

関根　お気持ち、よくわかります。

H　特に「顔を覚えておくぞ」などと言われると、また来たらどうしよう、街で会ったらどうしようと不安です。

関根　そうした言い方は、脅迫の可能性がありますね。

H　そうですか。

関根　脅迫は「殴るぞ」などと、具体的な行為を主張しなくても成立する可能性があります。ですから、今回のような言い方でも、現実に恐怖を覚え、相当な威圧を感じたなら、脅迫と考えてよいと思います。しかし、このようなケースでは、この発言だけで警察を呼ぶことは現実的ではありません。また、相手もこちらを脅すことを目的にして周到に発言しているわけではないでしょう。要するに、悔しまぎれの発言です。

H　なるほど。

関根　つまり、本題についてはもう反論できない、反論することをあきらめた、という状況です。それでも、悔しい気持ちがあるのでしょう。何か言わないと、こちらの気持ちが収まらない。そんな気持ちから出たのが、捨て台詞なのです。

H　でも言われたほうは、たまりません。

関根　そのとおりです。しかし、相手の脅迫の言葉をもって、仮に警察に訴えても、この程度ではにわかに逮捕されるわけではありません。相手が反省することもないと思います。残念ながら、ここは聞き流すしかないですね。

H　でも、また来るのではないかと思うと心配です。

関根　捨て台詞を言われたら、相手が主張を取り下げた、あきらめてくれたと考えてください。それで、その人は再び来たのですか。

H　いえ、来ていません。

関根　そのような言い方をされるのは悔しいでしょうけれど、また来たら毅然と対応すればいいだけのことです。自分は正しいことを主張した、不当な言い分に屈せず、社会制度の仕組みを守った、と考えてプライドを持ってください。

H　はい。そういえば、過去にもこういう言い方をされたことがありますが、往々にして再びは来ませんね。

関根　そうでしょう。捨て台詞は、相手方が心のどこかであきらめている証拠です。あまりにひどいようなら、記録を取ってしかるべき部署に相談することになりますが、基本的には気にしないことですよ。

H　ありがとうございました。気が楽になりました。

このケースのポイント

①捨て台詞は相手があきらめた証拠

「覚えておけ」「次回、同じことをしたら承知しない」「だから、役所は嫌いなんだ」などという本題に関係ない話をして、こちらに圧力をかけながらその話を終える、そういった事態はよくあります。俗にいう捨て台詞です。これは、本題ではこれ以上反論しても無駄だと思う気持ちの表れです。捨て台詞にこだわって、その発言で圧力をかけて来れば脅迫です。

②気にしないで聞き流すことも大切

捨て台詞そのものは、多くの場合脅迫に近いものがあると思われます。しかし、一言二言を言った、言われたくらいのことでは、警察は動きません。そもそも捨て台詞を言い出した人の気持ちは、すでにあきらめに近いものでしょうから、気にしないで聞き流すことも現実的な対応の一つだと思われます。そういった台詞の言い方、頻度や期間が、あまりにひどいようなら、記録を取って組織として対応することを考えましょう。

第3章

どうしてもわかってくれない理不尽なクレーマーへの対応は？

●「クレームにはこのように対応する――最大限の努力を」

1　クレーム対応のプロセス、4段階を意識する

どのようなクレームでも、その言い分が正当なものであっても、無理難題であっても、また相手が落ち着いた状態であっても、興奮していても、こちらは常識と良識をもって対応しなければなりません。そのためには、プロセスを踏んで会話することをお勧めします。プロセスを踏んで順を追って会話を組み立てようとする意識を持つことで、主体的に会話に関わることができるようになります。

クレーム対応で注意しなければならないことは、つい相手方のペースに乗ってしまい、お互いが売り言葉、買い言葉になり、反論の応酬をしてしまうことです。そうなると往々にして、問題が決裂してしまうことにもなりますし、役所の論理を通すことができたとしても、お客さまは興奮状態になり悪感情を持たれてしまいます。役所の交渉事の多くは法や条例、世間の慣行に基づいていることですから、仮に決裂したとしても理屈の上では正しい結論です。しかし、お互いが悪感情を持ってしまう結果は、住民自ら治めるという自治の精神からはいい結果とはいえないでしょう。

クレームに有効に対応するためには、4段階のプロセスを意識しましょう。それは**「受ける」「判断する」「説明する」「満足させる」の4つです。**

2 まずは「受ける」

クレームは、必ずしも苦情ではありません。お客さまの主張であり意見です。まずは、嫌なものと思わず、意見としてしっかり受けることが大切です。特に役所の対応では、お客さまの言い分を全く聞かないという対応はすべきではありません。ある程度聞いてから、その後の対応を判断することになります。お客さまの意見や気持ちをしっかり受ける、そのためには次のポイントを意識して会話を進めましょう。

①歓迎する

役所の仕事の基本は、お客さまのお役に立つことです。お客さまの要望や意見、トラブルは、こちらがそれにお応えすることで、公務員としてお客さまのお役に立てるチャンスです。**お客さまの言い分は意見と考え、まずは明るく元気に、ウェルカムトラブルの気持ちで迎えましょう。**その後、クレームの内容によって、声のトーンや表情を意識してコントロールし、お客さまが話しやすいよう、その場の雰囲気を作っていけばいいでしょう。〝面倒な話だ〟とばかり、嫌な顔や素振りを感じさせると、クレームはさらに険しいものになっていくでしょう。

②聞く

話したいことのあるお客さまに対しては、まずは素直な気持ちで徹底してその言い分を聞きましょう。言いたいことをすべて話させることで、お客さまは落ち着いてくれるものです。

お客さまの話を聞く際には、しっかりうなずいてあいづちを打ちます。**ただ単に聞くのではなく、こちらはしっかり聞いているのだ、ということをアピールするくらいの気持ちが必要です。**聞いている自分を演技するくらいのイメージを持ちましょう。人は自分の話をよく聞いてくれる人には敵対心を持ちません。むしろ好意を寄せるものです。「できる、できない」の議論はまだ先です。まずは、相手の話の内容と感情をしっかり受けることです。

③事実を抽出する

相手の話を聞いても、クレームを言うお客さまは事実を言わない可能性があります。例えば「職員の対応が悪い」などの言い分は、ありがちなクレームです。これは主観的な言い方であって、客観性は乏しいわけです。他にも「以前はやってくれたのに、なぜ今日はダメなのか」などの言い分も、以前本当にそのようなことがあったのか、調べてみないと何とも言えないわけです。

事実とは一般的に5W2Hに代表される概念で、これらが特定できて初めて問題の背景、つまり事実に近づくことができるのです。したがって、お客さまの話を聞いたら、逆質問を繰り返しましょう。つまり「いつ・When」「どこで・Where」「誰が・Who」「何を・What」「なぜ・Why」「どのようなことが・How to」「どの程度・How many（much）」といった内容を細かく聞くのです。これらの質問にきちんと答えてくれたら、そういうことが本当にあったのでしょう。しかし、きちんと答えてくれなかったり、事実とは思えないような主張を続けたりすれば、きっと何か聞かれたくない理由があるのだろうと思います。

④感情に対処する

お客さまの言い分が、いかなるものであっても何かを言いたい気持ちは、それ相当のものがあるのだと思われます。相手方に言い分のある状態では、こちらの話を素直に聞いてはもらえないでしょう。お客さまの言い分を認めるかどうかは後の議論として、**同意できる点には同意し、共感できる点には共感し、まずは徹底的に話をしてもらう努力をすべきです。**

3　聞きながら「判断する」

お客さまの言い分をしっかり受けることができたと感じたら、それでもまだ説明を始めてはいけません。内容の聞き取り、感情の受け止め、なぜそのような主張をしているのかなど、把握した上で、何をどう説明するかを判断していきます。

①評価する

前項の逆質問の答えから、このお客さまがどのような気持ちでクレームを言っているかを判断します。その一つが評価です。正直に述べているかどうか、ウソや不自然な言い分が含まれていないかを評価します。

言っていることが間違っていても、その人が心の底から正直に述べているのであれば、それはある意味で誤解です。悪気はないのかもしれません。しかし、言っていることが世間的にも非常識で、周辺の言い分も明らかに非常識、時には虚偽が感じられたら、そのお客さまはまだ表面に出ていない、何らかの背景があるのかもしれません。この後の展開で、何をどう話すか要注意です。

②分析する

①にも関連しますが、**非常識な言い分を繰り返す人は、そこに何らかの背景があるものと想像できます。**例えば、間違った情報を持っている、古い情報が今でも通用すると思っている、個別に何らかの経

験をされていてそのことからある考えに固執している、などです。

こちらとしては、非常識な考えを聞くと、往々にして即座に否定、修正したくなるものです。しかし、相手方にしてみれば、自分の発言を即座に否定修正されたら、決していい気持ちはしないでしょう。さらに反論を繰り返したくなるものです。これが口げんかです。

さらに逆質問を繰り返す、しばらく黙って考えるなどして、相手の言い分に即座に反論しない、空白時間を取るなどして、会話のタイミングをずらすことをお勧めします。相手方がそれに焦れて、軽い興奮状態になったとしても、それは相手の会話のペースに乗らなかったことになるのですから、それはそれで方法です。もちろん、善良なお客さまと会話が噛み合っている状況では、この方法は無意味です。

③予測する

お客さまの言い分やその背景が把握できてきたら、今度はこちらが説明する番です。公務員にとっては、よほどのことでない限りお客さまに説明する責任があります。

しかし、ここも判断の一部です。相手が興奮している、非常識な言い分が止まらないなど、こちらが説明を始めても、お客さまが素直に聞いてくれないだろうと思われる状況は往々にしてあるわけです。聞く気のない人に対して説明を始めても、話は噛み合わないばかりか、相手方はこちらの説明に対して、さらに逆上して反論を激化させることもよくある話です。

そこで、クレーム対応に大切な概念の一つをお伝えします。それは、**説明する責任は即答する義務ではないということです。**説明すべきことはそうであっても、すぐにその場で話を始めなければならないわけではありません。「上司に聞いてから答えますので……」「過去の事例を調べてから答えますので……」「わかりやすい説明の仕方を考えますので……」など、理由は何でもいいですから、**ここで答えたほうがトクか、タイミングをずらしたほうがトクか考えてから説明に進みましょう。**

4　聞いてくれそうだったら「説明する」

公務員は、法律や条例、手続きの仕方など、機密事項や個人情報でない限り、お客さまに説明する責任があります。しかし、相手方にも考えや立場、過去の経緯など事情もあるわけです。一方、私たちの国では、個人がどのような考えを持っても自由です。こちらが正しい説明をすれば、すべてのお客さまがすぐに納得していただけるという保証はありません。一部のお客さまは、こちらが「できません」などと結論を言うと、猛然と反論を展開してくるでしょう。

①情報を送る

皆さんを困らせるお客さま、いわゆるクレーム客には、結論を言っても、素直に聞き入れてもらえず猛然と反論が返ってくることがあります。クレームに対しては、こちらとしてもいつかは「できる、できない」「この条件なら……」などと、結論を言わなければならないわけですが、それを言って話し合いにならなくなるとすれば、それも得策ではありません。結論を言っても素直に受け入れていただけないお客さまについては、あえて「できる、できない」などの結論を言わず、「認めたことがない」「他の方々は……している」「こんな例もある」などと、**そのことの周辺にある事実を情報として伝えるようにします。**

もちろん、その説明に反論が来ても、それが事実である以上、事実そのものは否定されることではありません。こちらはどうしようもないことだとして、議論を平行線に持ち込めばいいのです。

②動く

お客さまからのクレームを受けて、**できることがあれば、それはすぐに実行に移しましょう。**すべてを解決することができなくても、「とりあえず……をやりましょう」「すぐにそちらに行きますから待っていてください」などと行動に移せば、行動を通してこちらの姿勢のアピールになります。行動すること、動くこと、それもこちらの誠意を説明することにつながります。お客さまは、感情のトーンを下げて現実的な話し合いに応じていただける可能性があります。

反対に、できることがあるのに体を動かそうとせず、口だけで何とかしようとすると、相手方は焦れて、返って感情の悪化につながりかねないものです。

③話を続ける

こちらが誠意を持ってお客さまの話を聞き、説明を繰り返しても、相手方が快く納得するという保証はありません。すでに終わってしまっていること、法や条例などにより規定されていて結論が変わらないことについて、長々とクレームを言い続ける人はいます。何度断っても、これまでの経緯を無視して無理難題を突き付けてくる人もいます。

それがどのような内容であっても、こちらが受け入れられない以上、議論は平行線になり、断り続けるしかないわけです。それはそれで一つの方法です。我が国は人々がどのような意見を持っても自由ですから、**議論が平行線になってしまうことはある意味では仕方のないことです。**それを恥と思わず、何とかわかっていただきたい気持ちを持って、話し合いを続けることでそれを誠意としましょう。

5 そうかわかったと「満足させる」

満足とは、お客さまの望みをすべて受け入れ、叶えることではありません。むしろ現実的な視点から状況を判断していただいてあきらめていただく、このことはそのお客さまの意思決定であり、結果としての決断です。**お客さまが自分の意思で決断した以上、それはお客さまの満足であると考えましょう。**

公務員にとっては、どのようなお客さまであっても、まずは話を聞いて逆質問を繰り返し、その上で必要な情報提供、説明を繰り返した後、結論となる条件を述べ、ご理解、ご納得を求めるわけです。

では、ご理解、ご納得が得られなかったらどうするのか。あとはあきらめていただくしかありません。法律がそうなっているのですから、それは仕方のない現実なのです。しかし、十分な時間をかけて議論をせずに「あきらめてください」などと言っても帰って逆上されるだけです。以下の努力を続けることで、お客さま自身の意思を喚起しましょう。

①十分に話せた

議論が平行線になったら、それはそれで仕方のないことです。時間を急がず、粘り強く説明を続けることで、より現実的な気持ちになってくれる可能性があります。公務員のクレーム対応は、結論が法や条例によって規定されていますので、結論が変わるものではありません。**こちらが「イエス」とさえ言わなければ、いつかはあきらめてくれるでしょう。**

②自分の言い分を認めてくれた

クレームでは、仮に相手の言い分を行使することが無理であっても、言い分そのものの存在、そういう言い分を持つに至ったやむを得ない経緯や事情、立場を認めることはできるはずです。人は自分の存在について認めてくれれば、満足度はそれなりに高まるものです。一担当者としてそのことを認めても、現実的に公務員として何ができるか、何を断るべきかは次元の違う話です。物事の可否は厳然と判断されなければなりません。**相手の言い分を認め、そのことに理解を示したからといって、公務員としての立場を揺るがせることがなければ、お客さまもいつかはわかってくれるものです。**

③結果として変化が起きた

お客さまは、クレームの内容が通らなくても、それを言ったことで何らかの変化が起これば、それも満足の要因です。例えば、自分の主張について一部だけだけれど認めてくれた、主張の内容は認められなかったけれど対応については謝ってくれた、このクレームをきっかけに反省しているようだ、今後は気を付けると言っているなど、お客さまは自分がクレームを言ったことで、その甲斐があったと思えば、よい意味であきらめてくれるでしょう。

6　それでも迷惑な行為をするお客さまには

以上の4つの段階を意識して、粘り強く交渉しましょう。現実には、クレームを言うお客さまの立場と受ける私たちの立場は違うこともありますから、正論を述べたからといって、お客さまは必ずしもにわかに納得されるとは限りません。**基本的に私たちの誠意はお客さまにご理解いただくことについて、最大限の努力を惜しまないことです。**このことをもって、法により社会の安定を保つ公務員のプライドをかけるのです。

しかし、こちらが最大限の努力をしたにもかかわらず、それでもお客さまが納得されずに、法外な要求を何度も続けてきたら、どこかで線を引きましょう。明らかな迷惑行為をされたり、法に触れる行為をもって要求されたりしたら、それ以上の対応を拒否しましょう。ここから先は不当要求行為の可能性があります。つまり、私たちが誠意をもって説明を続けるべき善良なお客さまなのか、これ以上説明する必要がないのか、またお客さまとして接する必要のない人なのか、という判断をするのです。

公務員にはお客さまを説得するために、最大限努力する義務はありますが、最終的に説得しなければならないという義務はありません。**粘り強く交渉する覚悟と、どこかで区切りをつける勇気は、クレーム対応のポイントといえます。**

ケース1

「土下座すれば許す」と言われました…

相談者は、戸籍業務を担当する20歳代の男性です。あるトラブルに巻き込まれ、お客さまから「土下座すれば許す」と言われたようです。

＊

A　あるお客さまから「娘の戸籍に記載されている性別が男になっている」とクレームを言われました。

関根　そんなことがあるのですか。それで、どうなりました？

A　お客さまは、「そんなバカなことがあるか」とお怒りでしたので、まずは時間をかけて気持ちを落ち着けていただこうとしました。

関根　戸籍はある意味でその人が存在する証拠となる書類ですから、万が一にも間違ってはいけませんね。

A　私もそう思います。お客さまの怒りが激しかったこともありましたが、慎重に話をしなければならないと思ったので、上司に来てもらって二人で対応しました。

関根 それは、いいことです。それで、こういう場合にはどのように手続きを進めるのですか。

A 戸籍の訂正は、お客さま側から願い出てもらって、役所側がそれを認めるという形になっているのです。

関根 単に、訂正ということにはならないのですか。

A はい。そういうことはできないのです。それを説明したところ、お客さまは逆上されました。「自分が娘の出生届を出した。その届に男と書いたはずはない。自分が間違うわけはない。当時の役所の入力ミスだ」という言い分です。

関根 なるほど、お客さまの言い分もわからないではないですね。

A そうなのです。私も、お客さまが自分の子どもの出生届を間違って書いたとは思えません。しかし、届け出は20年も前で原本も残っていないし、お客さまが間違って届けたのか当時の担当者が入力をミスしたのか、今となっては何ともいえません。

関根 原因はともかく、結論としては、この戸籍を変えるためには、お客さま側から申請してもらうしかないということですね。

A はい。上司とともに、詫び言葉を添えて、同じことを何度も繰り返した結果、お客さまから申請を出していただくことになりました。理屈の上では解決に向かったのですが、お客さまは納得せず、「とにかく謝れ！土下座すれば許す」と主張されまして……。

関根 それで、その時はどうなったのですか。

A お客さまの怒りが収まらず、結局、係長が土下座して、その場は収まりました。

関根　お客さまにも、いろいろな方がいらっしゃいます。性格や立場も違いますから、素直に理解する人もいるでしょうし、詫びの一つくらいはあってもよいだろう、と思う方もいるでしょうね。実際に謝罪を求められることもあると思います。

A　お詫びをしても、責任とは関係ないことは、納得しています。でも、土下座までする必要があるでしょうか。

関根　必要があるかと言われれば、必要はないでしょうね。しかし、土下座をして話が済むのなら、それはそれで一つの方法でしょう。

A　でも私は、上司が土下座をさせられた時はショックでした。

関根　そこのところを説明しますね。詫びや謝罪は本来、他人から指示されてするものではありません。謝るという行為は、お詫びをすべき、謝罪をすべきと、自分の意思で判断し、心の底から誠心誠意をもって、頭を下げる行為を伴って行うわけです。

A　そのとおりだと思います。

関根　私は、今回の現場を見ているわけではありませんから何ともいえません。しかし、あなたの上司が、このお客さまが大変にお気の毒な状況になっている気持ちを察し、その気持ちを満たすために、自分の意思でそのような行動に出られたのであれば、それは仕方のないことだと思います。

A　でも、あの場合は……。

関根　そうなのです。今回の場合、娘さんの戸籍の間違いが20年も経ってしまってから判明して、原因が不明で、そこが感覚的に難しいところです。このお客さまが謝罪を求めることは、状況によっては仕方がないことだと思います。そこで常識的には、こちらとしては誠心誠意、立礼をもって詫び、謝罪をすれば、土下座までする必要はないでしょう。土下座までさせることは屈辱を与える行為です。

A やっぱり、おかしいですよね。

関根 そういう意味で、自分の意思で土下座するなら、誇りをもってすればいいし、その意思がないなら断固断ってもいいと思います。

A なるほど。

関根 こちらにその意思がないのに、土下座をさせられたら侮辱、強要に当たる可能性があります。これまでも、お客さまの立場でコンビニの店員を土下座させたり、保護者の立場で学校の教師を土下座させたりした事件がありました。これらのケースでは自発的にやったのではなく、させられたということだったので、させた側が強要の罪で検挙されています。

A 実際のクレーム対応では、難しい判断ですね。

関根 クレーム対応では、こちらにも立場があるし相手方にも立場があるわけです。どうやって、お客さまのご理解ご満足を得るか、それだけ真剣勝負だということですよ。

A ありがとうございました。

このケースのポイント

①詫び、謝罪は誠意を表す手段

お客さまに対して、詫び、謝罪をすることは、こちらの自発的な行為です。誠意を表す手段で、その具体的方法は立礼です。こちらにミスがあれば、それを素直に認めて謝罪すべきことは常識的なことであり、ミスがなくても結果として不快な思いをさせて申し訳ございませんと詫びるという行為は、心配りとして成立します。

②土下座はするのは自由だが、強要されるべきものではない

詫びや謝罪は、強要されるべきものではありません。反対に、自分の意思で行うならそれはそれで自由です。しかし、謝罪に土下座までする必要はありません。常識的にも立礼で十分です。

ケース2

しつこい長電話のクレームに困っています

相談者は、ある市の人事課職員です。役所の喫煙所の場所をめぐって常連クレーマーからのたび重なる長電話、しつこいクレームを受けているようです。

＊

B　最近、しつこい電話に困っています。庁舎内が全面禁煙になっているので、出入り口の外側に喫煙所を設置しました。そのことで、ある市民の方が、たばこの煙が漂ってきて臭いと言うのです。意見としてはわかるのですが、それを発端に禁煙に対する言い分や、個人的な健康問題にまで発展し、実にしつこいのです。庁舎管理や建築の部署にも、喫煙所の撤去を求めてクレームを言ったらしいのですが、埒が明かずに人事課に来るようになったようです。

関根　どうして人事課なのですかね。

B　庁舎管理の部署などでは、喫煙所をどこかに設置しなければならないこと、その場所が最適だと判断したとの説明をしたようです。しかし、「そもそも喫煙所は不要であって、あの場所を通る度に咳きこむ自分の健康はどうしてくれるのか」という主張になり、話を聞くことしかできなかったそうです。そこで、喫煙について人事課ではどう考えているのかから始まり、職員の何％が喫煙しているのかを調べろ、すべての職員に禁煙させろ、などと発展したわけです。

関根 人事課としては、喫煙に対する特別な方針や、喫煙者のデータはあるのですか。

B 職員の喫煙については、調査したことはなく、データもありません。今後、調べる予定もありません。また、市としては「健康のために注意しましょう」と呼びかけていますが、それ以上に特別な方針はありません。

関根 この方は、今回が初めてのクレームですか。

B 実は、この人は市役所内では有名なクレーマーで過去10年以上にわたり、さまざまな部署へクレームを言ってきています。来庁したり、電話をかけてきたり……。各部署で迷惑クレーマーとして話題になっています。

関根 自分の存在を確認したいため、主張を繰り返すタイプですね。主張することで満足しているのだと思います。しかし、滅茶苦茶なことを言うわけでもないので、こちらはその人の主張を全面的に否定するわけにもいきません。

B そうですね。時には、こちらが納得できる正当な内容もあって、反論しにくいこともあります。クレームを言いながら、自分は間違っていない、市をよくするために言っているなどとも主張します。最近は1日に3～4回、電話がかかってきます。

関根 1回あたり何分くらいですか。

B 長いと1時間を超えます。仕事に支障が出て正直なところ迷惑です。意見としては聞きますが、

関根　同じことの繰り返しでそれ以上の解決策がありません。話の内容が同じで、何度も言ってくるのであれば業務妨害の可能性があります。「その件は聞きました」ということで、会話をやめたいと述べたらいかがですか。

B　それを言ったら、「他の職員は自分の話をきちんと聞いてくれた」「あなたのような冷たい対応は初めてだ」と怒鳴られ、個人的な誹謗中傷や暴言を吐かれました。

関根　怒鳴る、誹謗中傷する、暴言を吐くといった行為は、違法行為です。いくら市の職員でも、そういう状態では話を聞く必要はありません。「これ以上の対応はできません」と言って、強制的に電話を切ることも方法です。電話を相手の承諾なしに切ることは、違法行為ではありませんから。

B　でも、失礼にはなりませんか。

関根　相手がどうしても失礼だと言うなら、「申し訳ありません。これ以上聞く必要はありません」と主張を変えずに謝ってしまえば済むことです。お話を伺う限り、相手の方がよほど失礼でしょう。

B　はい。

関根　「現実に喫煙者がいる以上、喫煙場所は必要と判断しました。また、喫煙場所をその位置に設けたことは、役所に来る市民の利便性をも考えた結果です。位置を変えるべき、そもそも喫煙をするべきではない、というお客さまのお考えは、市民の声として上司に伝えます。しかし、お考えの通りになるかどうかは、現時点では何とも言えません」と、庁舎管理や建築の部署と同じ言い分を繰り返すしかないでしょう。

B　そうでしょうね。

関根　お客さまは、他の部署に行っても無駄だと思うから、人事課に来ているのでしょう。こちらも同じ主張を繰り返し、やはり無駄だと思ってもらえばいいのです。

B　でも、その次に、また別の部署に行くかもしれません。

関根　それが心配であれば、あきらめて長話に付き合うしかないでしょうね。でも、この人はもう10年も来ているのですから、役所は何でも聞いてくれる、聞いてくれるのが当たり前と思っているのでしょう。すべての部署が覚悟を決めて、必要以上の話は聞かないというスタンスをとればいいと思います。

B　また、逆上して暴言を吐かれたらどうしましょう。

関根　市民に逆上される、暴言を吐かれる、そういった状況は、もちろん好ましいことではありません。また、こちらはそうならないようにしたいわけです。しかしそうなったら、それこそ「そのような発言をされるのなら、こちらとしては対応できません」と言って、話を切り上げるチャンスです。こちらはいつまでもお客さま扱いする訳にもいきませんから、相手方が一線を超えたら毅然と対応するしかないでしょう。

B　なるほど。これまで、相手を怒らせないようにと思っていましたが、やってみます。

※　この事例の市役所は、現在では敷地内全面が禁煙になっており、喫煙場所は廃止されています。

このケースのポイント

①迷惑行為を繰り返す市民には、全庁的な対応をとる

一つの部署では短時間でも、それが複数の部署で繰り返され、結果として長時間対応となっていれば、それは庁舎内全体で迷惑行為です。ある部署で満足できないと違う部署に行く、これを繰り返されるといつまでも対応を続けなければなりません。同じ案件なら部署を決めてそこで対応していく、違う案件でも各部署が必要以上の対応はしないことを申し合わせ、過剰な対応をしないようにします。

②相手が暴言を吐いたら、話を切り上げるチャンス

対応を切り上げることなどを主張した際に、相手方から暴言が出てきたら「そのような発言はやめてください」と警告を発し、「そのような発言をされるのなら、これ以上の対応はできません」と主張し対応を切り上げるきっかけにしましょう。役所は市民に対して親切に、中立公正にとはいえ、誹謗中傷、威嚇や暴言にさらされてまで対応する必要はありません。

ケース3

近隣住民からイベント開催にクレームを言われます

相談者は、ある県の公園緑地管理担当の職員です。公共施設でイベントを開催する際に、近隣住民から寄せられるクレームに苦慮している事例です。

＊

C 私は公社の職員として、公園緑地の管理をしています。公園に付随してスポーツグラウンドがあるのですが、イベントが開催されたときにさまざまなクレームが寄せられて困っています。例えば、駐車場が満車で入れないとか、駐車待ちの車で付近の道路が渋滞するなどです。

関根 駐車場のスペース不足は、各自治体の悩みの種だそうですね。かといって、簡単に駐車場を増やすこともできませんからね。交通渋滞も、仕方のない現実です。

C 渋滞については、交通指導のためにガードマンを増員して対応しているので、その点は多少は改善されているのですが……。

関根 他には、何かありますか。

C イベントといっても、規模の大きいものからそれほどでもないものまであるのですが、年に何回か芸能人が参加しての大きなイベントが開かれることがあります。その時には、駐車場にマスコミ関係のテレビ車両も入ります。そういう場合は事前に届けていただくのですが、テレビ関係の車両が入ると、中継のための電源を確保するために発電機のエンジンをかけたままになります。近隣のある方は、この電源車の音や排ガスが気になると、ほぼ毎回クレームを言ってこられます。

関根 車両の位置を変えることはできないのですか。

C 駐車場の位置とその方のお宅が近く、多少ずらすことはできても、風向きによっては気になるみたいです。また、そのようなイベントでは、特別な設営をするので、スタッフの数も多くなります。これがまた「うるさい」「落ち着かない」ということでクレームになります。この前など、その方がマスコミ関係者に直接クレームを言ってトラブルになったり、マスコミ関係者からこちらに相談が来たりもしました。

関根 こうした公共施設の近傍に住んでいる方々には、日常の環境が変化することもあるという前提を理解いただくしかないのでしょうね。その方は最近引っ越して来たのですか。

C いえ、以前からお住まいの方です。先般は「イベントを中止しろ」「グラウンドの使用許可を取り消せ」などと言ってきて苦労しました。最終的に「責任者を出せ」と言うので、私の上司に対応してもらって、何とか収めてもらいました。

関根 他の公共施設でも類似のケースを聞くことがありますね。例えば、学校や幼稚園、保育園、地域の公園で〝子どもの声がうるさい〟とか。

C そういう施設から子どもの声がするのは当たり前のことですし、子どもの声くらい、我慢してほしいと思ってしまいます。

関根　今まで当たり前に許されてきたことが、自分の思いや環境を変えられたくないという思いがもとになって、何かと不寛容な状況が生まれているようです。先ほどの住民の方も、おそらくその傾向が強いのだと思います。自分の家の置かれた環境が、時々のイベントによって変えられてしまい、その期間だけ我慢を強いられる、そのことに理不尽さを感じているのでしょう。あなたのように苦労されている職員が、他にも多くいると思います。

C　どうすればいいでしょうか。

関根　先にお話ししたとおり、環境の変化を受け入れて、協力してもらうしかないですね。イベントは毎日やっているわけではないでしょうから、その時だけでも〝仕方ないな〟と思っていただけるようにすることでしょうか。

C　具体的な方策はありますか。

関根　先ほどのお話で、上司が対応して収めたということがありましたね。イベントの前に、上司にその方のお宅に行っていただいて、イベントの内容や規模などを予告するというのはどうでしょうか。

C　どうすればいいでしょうか。

関根　イベントが何か、何時から何時までで、その間にどのようなことが行われるのか、自分が何もわからない状況でそのような事態になれば、住民の方の不満も募るでしょう。そこで、パンフレットなどを持って説明に行ってもらうのです。その際に、当日の車の出し入れの予定なども伺って当日にはそれなりの配慮をして差し上げる、問題が起きてからではなく、事前にも当日にも、できる範囲でできる限りのことをすることでしょうね。

C 上司は動いてくれるでしょうか。

関根 住民に協力を求めることは、恥ずかしいことでも何でもありません。皆さんの本来業務です。プライドを持って行うべきです。もし上司が行かないなら、担当者レベルでも行ってみる価値はあると思いますよ。

C 寝た子を起こすことになりませんか。

関根 たとえそうなったとしても、それはこちらの本来業務です。元々問題を起こさないようにという思いでやっているのですから、起きてしまったらそれはそれで対応すればいいことです。強制はできませんが、イベントの主催者にも協力を求めて、近隣住民に招待券を配るとか、事前にお得感のある告知ができるといいですね。そうすれば、グラウンドの近傍に住んでいることが、必ずしも損だということにはなりませんから。

C なるほど。

関根 ただし、これはあくまで主催者の厚意だということと、社会通念で妥当な範囲でということです。業者に義務づけたり、お客さまの既得特権と受け取られたりしないように注意してください。

C ありがとうございます。職場で話し合ってみます。

このケースのポイント

①イベントによるクレームやトラブルが予想されたら、事前に告知する

報告、連絡、相談といったコミュニケーションが大切なことは論を待ちません。特に、事前に報告、連絡があれば、その人は自分の存在を認めてくれているという、人間的な価値を感じるでしょう。冷静な話し合いの第一歩にもなるでしょう。報告、連絡、相談は、原則的には早さがポイントです。反対にそれがないと、極端にいえば無視されたも同然です。人間関係が乱れるもとになるでしょう。

②近隣住民ならではのトクを考える

人は誰でも、自分への気遣いを感じれば悪い気はしないものです。当日の生活への配慮など、できることを具体的に示しましょう。場合によっては、関係者と話し合い、何らかのメリットを供与できないか考えましょう。粗品の配布、チケットの優先販売など、もちろん、社会通念上問題にならない範囲で、です。

ケース4

周辺住民から、学校へのクレームがひんぱんに来ます…

学校事務に携わっているDさんの相談です。学校にもたらされる周辺の住民からのさまざまな要望、クレームに対応しているといいます。必要によっては、教頭や校長、時には教育委員会につなぐこともあるわけですが、最初の対応はDさんが行うわけです。

＊

D　私は、学校の事務を担当しているのですが、学校の隣の住人で何度もクレームを言ってくる人がいます。

関根　どのようなことを言ってくるのですか。

D　例えば、グランドに水を撒いていると、「もったいないからやめろ」とか。

関根　その人は、どのような気持ちから言ってきているのですかね。

D　はい。その時には、省エネなどと理由を付けて言ってきます。でも、反対に「埃が飛ぶので、水を撒け」という別の住民の声もあるので……。

関根　さまざまな意見があるということですね。

D　ただ、この人については、今までも、保護者の駐車のマナーが悪いとか、生徒が登下校時にはしゃぎながら道を歩いているとか、クラブ活動の掛け声がうるさいとか、とにかく、いろいろと言ってくるので、単に省エネの問題ではなさそうです。

関根　言わばクレーマーの常連さんということですか。

D　そうです。毎月とは言いませんが、来る時は1か月に2〜3回でしょうか。学校にもよく来るし、道で生徒たちにも厳しい口調で話しかけるらしく、もう学校中の有名人です。私も顔を見るのも嫌で……。

関根　各自治体、学校、公共的な施設に必ずといってもいいほどある悩みが、常習者からのクレームですね。同じ部署に何度もクレームを言ってくる人、部署は特定せずとも庁舎内のどこかの部署でクレームを言い続ける人、最終的には広報広聴課や人事課、市長室などに押し掛ける人などがいるようです。職員の間でも有名になっていて、実際に対応した経験のない職員も、その噂やクレームの場面を目撃し、概ねよくない印象を持っているのですが、現実にはなかなか収まらないようですね。

D　確かに保護者の中には、駐車マナーの悪い人もいるのかもしれません。生徒についても、道を歩くときにおしゃべりしながら、ついはしゃぐこともあるでしょう。クラブ活動がうるさいと言われても、運動系の活動に声を出すなとは言えません。このようにクレームを言われても仕方のないこともありますので……。

関根　そうですよね。こういったことは、余程のことでなければ、学校としてもどうしようもないでしょう。仕方のないことですね。

D こういうクレームは、どうしたらよいのでしょうか。

関根 その人は、いつ頃から、クレームを言ってくるようになったのでしょうか。

D 私も、3年前に赴任して来たので、よくわかりませんが、数年前に引っ越して来たらしく、その当初から時々来ているようです。

関根 では、学校があることを知っていて、引っ越してきたわけですね。特定の案件についてクレームを言ってくるのであれば、その事案に何らかの問題意識を持っているのでしょう。しかし、異なる案件で何度も来るのであれば、クレームの以前に何らかの背景が考えられますね。

D そうだと思います。

関根 決めつけるわけにはいきませんが、こういったタイプのクレーマーは、どこかの組織に意見を言うことが、癖になっているようです。つまり、本人が自覚していないケースも多いのですが、言うこと自体に自分の存在感を見出し、生きがいを感じているのだと思います。

D しかし、言われる私たちにしてみればいい迷惑ですよ。

関根 そのとおりです。この人は、クレームを言っても、自分が相手に歓迎されていないことを自分でもわかっていると思われます。それが存在の確認なのです。悲しいことですね。

D 解決策はありませんか。

関根 残念ながら、根本的な解決策はありません。この程度の迷惑では、警察に訴えても事件とは認められないでしょう。

D　ガマンしなければならないのでしょうか。

関根　それもあります。ガマンというと辛いですが、聞き流す程度のことを繰り返し、これまでと同様に、その都度対処することも、やり方でしょう。

D　それしかありませんか（不満顔）。

関根　ここから先は、学校側の方針の問題でもあるのですが、結局この人は誰かに話を聞いてほしい、自分の存在を認めてほしいと思っているのです。だったら、定期的にこちらから訪問したらどうでしょう。教頭先生や事務長さんあたりと相談して「お元気ですか」「何かありませんか」などと、聞いてあげるのです。現実には、聞くに値しないほど勝手なことを言われるかもしれませんが、世間話でもいいですからお付き合いをしてあげると、「今度の教頭は話がわかる」といったイメージになり、言い方も変わってくるかもしれません。

D　内部で話し合って、少し付き合い方を考えてみます。

関根　地域によっても違うかと思いますが、学校は以前、その地域の住民の方々が自由に出入りできる名誉施設というイメージでした。しかし、最近は不幸な事件などを経て、街中では多くの学校が門を閉ざし、生徒の親であってもインターホンで事情を話さないと中に入れないなどの話も聞きます。地域の住民に対しても、こちらから理解を得るように努力していかなければならない時代になりました。こちらに非があるかどうかだけではなく、温かい目で見守ってもらえるように努力することも、学校関係者の仕事の一部といえるでしょう。

D　なるほど。頑張ってみます。

このケースのポイント

①こちらに非のないクレームは、相手方に事情があることが多い

本件に限らず、こちらに非のないクレームや言い分が常識を超えているケースでは、相手方に何らかの事情があるものです。もちろん、それ等すべてをこちらの努力で解決することはできませんし、その必要もありません。しかし、現実に起きているクレームをそのままにしておくわけにもいきません。理屈としての解決策がないならば、コミュニケーションの在り方を変えてみることも考え方でしょう。

②相手の気持ちに寄り添うことを考える

人は、自分を認めてほしいという寂しさや、自己顕示の欲求からクレームを言ってくることがあります。このことは本人も自覚していないことが多く、こういったクレームをにわかに解決することは困難です。コミュニケーションのイメージとして、お互いに顔を向け合っていると、現実のこととして何かと言い合いになってしまうので、理念として同じ方向を向くとどうでしょう。昔は……、この先は……、今の世の中は……、意外と一致点が見いだせるかもしれません。

ケース5

同じ人から何通もクレームの手紙が届きます…

相談者Eさんは、ある県の農業政策部署の職員です。農業については、これまでに様々な政治の影響を受けてきました。一時期取られた減反政策とその廃止、農業経営基盤の大規模化、作物の価格変動、TPPへの不安、後継者不足、耕作放棄地の増加、地球規模の気候変動への心配など、様々な問題があるわけです。Eさんが受けたクレームは、そのような環境下で農家を営んできた人からのものです。

＊

E　私は、農業政策を担当しているのですが、ある農家の方からのクレームに困っています。

関根　と、おっしゃいますと？

E　その方は専業農家で、自分は今まで農業に誇りをもって取り組んできたと訴え、これまでの農業政策を批判しています。農業政策の基本的な方針は国が決めたことですから、県に言われてもどうすることもできません。

関根　どういうことを言ってくるのですか。

E　例えば、「かつて、減反政策には矛盾を感じながらも協力してきた。しかし、結果として農業を取り巻く環境は決してよくなっていない。むしろ収入は減り、生活は苦しくなるばかりだ」と言うのです。

関根　なるほど。私は農政の専門家ではありませんが、農業を取り巻く環境は、時代の流れによって大きく変わっていますからね。

E　他にも、「自分たち農家が望んでもいないのに、農業振興のためといって県が農道整備事業で道を造った結果、その地域を一般の自動車が渋滞を避けるバイパス代わりに使うようになった」といった不満もあります。「結局、土木建築業者が儲かって、自分たちには何のメリットもない」といった話です。

関根　政策を批判するつもりはありませんが、これまでの農業政策にはさまざまな意見があるのでしょうね。

E　この方は、基本的には悪意があるわけではないのですが、問題は、こういった意見を述べた手紙が数多く来るのです。

関根　ずいぶん多いですね。

E　はい。ここ数年、毎年数十通は来ていると思われます。こちらとしても、回答すべきことには答えているのですが。収まりません。同じ内容のこともあるし、県としてはどうしようもないことも多く、返事を書くのも大変な労力です。

関根　毎回、返事を書いているのですか。

E　毎回ではありませんが、書面で回答してほしいと書いてあるものですから。

関根　いつごろから手紙を送ってくるようになったのですか。

E　私の前任者の時代、5年ほど前からだと聞いています。

関根　その時に何かあったのでしょうか。多分、何らかのきっかけがあったのではないかと思いますが。

E　実は、ある問い合わせを受けた際に、県としての回答がにわかに用意できず、結果として、時間がかかってしまったという経緯があります。

関根　回答が用意できなかったことは仕方がないとしても、回答時期の目安を告げるとか、途中経過を報告するとか、しなかったのですか。

E　はい。詳しい経緯はわかりませんが、その辺が疎かだったのかもしれません。

関根　なるほど、その時の役所への不信が、とにかく言い続けないと何もしてくれないという観念に発展してしまったのでしょうかね。

E　そういうことかもしれません。

関根　市民や県民などが、役所にメールや手紙を送ることをやめさせることはできません。特に昔かたぎの人は、手紙を書いて送ることが正当な行為であり誠意と考えるのでしょうね。そのことに間違いはありません。さらにこちらの回答も来るから、やりがいを感じるからそういう手段を取るのだと思います。今後の回答はやめたらいかがですか。

E　構いませんか。

関根　例えば、回答は最低限にとどめ、過去に回答した分については「○月○日に回答済みです」とすればよいでしょう。同じ内容については「今後、この件について回答しません」でもよいと思います。こちらが反応するから、エスカレートする面もあるのではないでしょうか。公務員には説明責任はありますが、業務に支障になるような、必要以上の回答はしなくてもいいですよ。

E でも、反感を買いませんか。

関根 ケースバイケースだと思います。相手の要望に応じ続けるなら、いつまでも回答をし続けることになるでしょう。しかし、こちらが必要ないと判断したらやめておきましょう。文書ではなく「口頭で説明します」といった主張をされてもいいですね。この人は、県に迷惑をかけることが目的ではなく、手紙を書くことで自己満足につながっているのでしょうから、こうした行動につながったものと思われます。また、手紙では顔が見えませんので、理屈っぽくもなりがちです。

E そうですか。

関根 一度会って、ゆっくりと話をされてみてはどうでしょうか。腹を割って話をして、国、県、市、農家、それぞれに立場があること、互いの立場で最大限努力して、地域をよくしていきましょうという、基本的価値観を確認してみてください。どうするべきかといった方法論については、交わることはないでしょうから聞いておけばいいと思います。論争は避けることが進め方のコツです。

E ありがとうございます。やってみます。

このケースのポイント

①クレームへの回答は必要性、有効性を判断して行う

住民からの意見や質問には、役所は誠意をもって回答すべき責任があります。それは原則的な価値観であり、間違ってはいないわけです。しかし、それは無限に責任があるわけではありません。こちらの業務に支障を生じるほどの状況であるならば、回答については、こちらの事情を主張し、相手の事情も聞き、どのように対応するのかは話し合いで決めるべきことです。こちらとしては、常識的な判断をもって回答方法を主張しましょう。

②結論が変わらないクレームでは、基本的価値観を確認し合う

方法論においてお互いの主張が変わらず、一致点が見いだせない話し合いであっても、「未来に向けて、豊かな自然を残したい」「孫子の世代においても、安心して仕事ができる環境であってほしい」など、そのことに関する基本的価値観は一致させることができます。つまり、そのために今どうするかの方法論は、現実にさまざまな問題があり、にわかに結論や方策を得ることはできないかもしれませんが、そのことに向かってお互いに考えていく気持ちがあるということは一致できるのです。

ケース6

結論が決まっているならば、言い分を聞くのはムダではないでしょうか？

役所へのお客さまの意見や要望は多様で、現実にさまざまなクレームが寄せられます。公務員の立場としては、お客さまからどのような要求をされても、それに対する可否の判断については法令や条例に基づいて行うことになるので、基本的に私情の入る余地はありません。いくら話し合っても結論は変わらないことが実情です。

相談者Fさんは、クレームを言ってきたお客さまに法や条例の解釈、判断の根拠を説明する中で、普段から対応に疑問を感じているといいます。

＊

F　私たち公務員は、法令や条例、規定などに基づいて仕事をしています。一部のお客さまに無理難題を言われて、できないことを要求されても結論が変わることはありません。

関根　そのとおりですね。

F　ですから、お客さまの言い分をある程度聞いた上で、こちらの判断で「ダメなものはダメだ」と結論をはっきり言ってしまえばよいと思うのです。

関根　もちろんそうですよ。それで、どのようなことを疑問に感じているのですか。

F　こちらができないと判断したら、それ以上にお客さまの話を聞いたり、「お気持ちはわかります」などと共感したりする必要はないのでは……と思うのです。

関根　なるほど。

F　結論に対して裁量の余地はないのですから、初めから結論をはっきり言うべきではないでしょうか。同僚や上司をはじめ研修会でも、「相手の言い分は十分に聞け」とか、「相手の立場に立って物事を考えろ」とか、「結論を押し付けるな」などと言われますが、結果的に時間がかかりますし、弱腰な対応という気がします。

関根　確かに、おっしゃるとおりです。そのお考えは正しいと思います。

F　結論の決まっていることについて反論を受けるなんて、時間の無駄だと思ってしまいます。

関根　もちろん、そういう面もあるかもしれません。法令や条例にしたがっていただくのは当然のことです。同時に、大切なことは、その結論にご理解、ご納得いただくことでしょう。

F　それは、そうです。

関根　意見の違うお客さまにも、法令や条例、時には常識や慣行を知ってもらい、自らの意思で理解、納得していただくことが重要です。つまり、まずはこちらから必要な情報を提供し、考え方を説明するのです。

F　でも、最近の職員を見ていると、どうも消極的というか……。

関根　最近の傾向として、クレームを言うお客さまも何らかの意見、情報を持っているケースが多く見られます。結論だけを告げて、相手方に有無を言わせずというわけにはいきません。相手方とこちらの主張とが違っている場合、その違いをそのままお互いが言い合っていては、心情的に対立が深まるでしょう。

F　でも、最後は法令や条例どおりになりますから。

関根　もちろんそうです。お客さまのご理解、ご納得をできるだけ深めてその結論に至らせるのです。

F　では、どのように対応すればいいのでしょう。

関根　まずは相手方がどのような考えを持っているのか、その背景にはどのような事情があるのか、それを知った上で、こちらからの説明を聞いていただくことが大切です。結論に至る過程での努力のあり方が、クレーム対応のポイントと考えてもいいかもしれません。

F　でも、クレーム対応に時間を取られることが多いと感じます。

関根　確かに、対応に過度に時間を取られる最近の傾向は、憂慮すべきことでもありますね。どこまで対応するかは、事案によっても違うと思います。こちらの正義へのポリシーとして、いつかはわかってくれるだろうと根気よく説明して、タイミングを見計らって結論を述べて、どこかでお断りするということでしょう。

F　すぐに結論を伝えてはいけないということですか。

関根　決してそうではありません。情報を伝える時、結論から先に話すことは、わかりやすい話し方の原則です。しかし、一部には結論を述べることで逆上するお客さまもいます。こちらの論理を通すことができても、感情的なマイナスや遺恨を残してしまいます。あえて時間をかけて話し合うことは、相手方の満足感にもつながります。

F　どういうことでしょうか。

関根　主張する人は「聞いてほしい」「わかってほしい」と思っているわけです。これは人間の心理です。だから、聞いてあげることで満足するお客さまも多いと思います。同時に十分に聞いてもらったとの実感がわけば気持ちも落ち着き、次の展開としてこちらの話を冷静に受け止めてくれることにもなるでしょう。

F　なるほど。

関根　人は、一度自分の意見を言うと、その発言を撤回することがなかなかできません。特にクレームでは、一度主張を始めると、「わかりました」とは言いにくいものです。クレーム対応は違う立場からスタートするコミュニケーションですから、お互いが理解するにはそれなりの時間がかかります。にわかに理解されずとも、根気強く対応していきましょう。

F　はい。考えてみます。

このケースのポイント

①結論を伝えることは、公務員の仕事

公務員の仕事は、世の中のさまざまな事象について法や条例により事業を行い、社会を安定させよりよく発展させることです。その過程で、住民の要望などさまざまな意見について判断し、その判断の趣旨や対応策を説明しなければなりません。つまり、何ができるのか、何ができないのか、そのことの結論を出し、伝えなければなりません。

②結論を述べるにも、それなりの過程を経ることが大切

結論を述べることは大切なことですが、十分に話し合うことなく結論だけを述べることは、相手に感情的なしこりを残すことにもなりかねません。コミュニケーションは相手のあることです。人は誰でも自分の意見は、誰かにわかってほしいものです。十分に聞いたうえで話し合いを経てから結論を述べるようにすることが大切です。相手の話を聞くことは、人として人に関わる、人に寄り添った対応の基本です。

ケース7

駅前で職員を誹謗するビラが配られました…

ある市の市民課係長からの相談です。心無い市民が、駅前で職員を誹謗するビラを配ったという事例です。

＊

G 先月、市民課の窓口にいらした市民から「駅前で、こんなものが配られていましたよ」と、一枚のビラを見せられました。そのビラには、ある女性職員について、名指しで「対応が悪い。あのような職員は辞めさせるべきだ」などと、その職員を誹謗するような内容が書かれていたのです。

関根 それはどのようなものですか。

G A4サイズの用紙にパソコンで作成したものと思われます。

関根 誰が配っていたのですか。

G わかりません。ビラには作成者が特定できる名前などはありませんでした。

関根 その後はどうしましたか。

G すぐに、そのビラに書かれている職員を呼んで、事情を聞きました。ここ数か月、ある市民から嫌がらせにも似たクレームが寄せられて、困っていたそうです。確証はないのですが本人曰く、「もしかしたらあの人では……」と言っていました。

関根 その市民は、どのような人なのでしょうか。

G 数か月前に、本人確認の書類がなくて証明書が発行できず、一旦お帰りいただいたそうです。どうも、その時にかなり不快な思いをされたようで、それから何度か窓口にいらして、些細なことでクレームを受けたり、個人的に悪口を言われたりしたそうです。

関根 そのことをG係長は把握されていたのでしょうか。

G はい。窓口での多少のトラブルは、毎日のようにありますので、それほど重大なこととは思わずに過ごしてしまいました。

関根 それで、市としてはどのような対応を取ったのですか。

G 本人を呼び出して注意し、また、ビラについては、あまり気にしないように、と言っておきました。

関根 しかし、ビラに名指しされた職員は、嫌な気持ちが残っているでしょうね。今後はどうするつもりですか。

G 今のところ、様子を見ているところで、どうしたものかと……。

関根 もう一度伺いますが、そのビラの内容は、事実をもとにした意見なのでしょうか、それとも常識的に見て、個人攻撃にあたるような誹謗中傷といえるものなのでしょうか。

G 私は、後者だと考えます。明らかに一般的な意見の域を出ています。

関根 それでしたら、警察へ届けたらいかがでしょうか。

G　えっ、そこまでは……。

関根　誹謗中傷、名誉棄損は、明らかに犯罪です。今回は実際に配られたビラがあるのですから、警察に届ける価値はあると思います。この職員は、次にまたいつそういうことが起きるかと思ったら、毎日の勤務がつらいでしょう。また、その人が来るかもしれないですし。

G　そうですね。

関根　役所に限らず、お客さまが自分の思うようにならないことで、クレームを言うことはよくあることです。それだけでは罪を問えません。しかし、発言が意見の域を超えて誹謗中傷にまで及べば話は別です。今回は、言った言わないレベルではなく、ビラという証拠が残っています。

G　そうなのですが、誰がビラを書いたのかがわかりません。

関根　誰が書いたかがわかれば、その人のところに行って「やめてください」と主張できますね。しかし今回は、誰が書いたかがわかりません。だから、警察なのです。

G　どういうことですか。

関根　誰がやったのかがわかっていれば名指しして告発できます。そうなるとお互いの存在がわかっていますから、最終的な責任の所在や結末をこちらが証明しなければならなくなります。しかし、今回は誰がやったか不明ですから、直接的に責任を問えません。だから、やりやすいのです。

G　よくわかりませんが……。

関根　今回のビラは、誹謗中傷ですが、いわゆる身の危険を直接的に感じるような脅迫状とは違います。仮に市民を特定して警察に届けても、即逮捕、起訴とはならないでしょう。むしろその市民から、

G　警察に届けたことについて恨みを持たれるかもしれません。しかし、被疑者不詳であれば、その可能性はかなり減るでしょう。

関根　で、どうすればいいでしょうか。

G　もう一度、いろいろな人から聞き取りをして、このビラがいつ、どこで、どのくらい配られたのか、確定的でなくてもいいですから、少なくともその事実があったことをまとめてレポートを作成し、警察に相談してください。その上で、正式に届を出すか出さないかを判断すればいいと思います。知っていらっしゃるかと思いますが、全国の警察では、犯罪といえるかどうか迷うほどの行為について、積極的に相談を受けてくれています。

関根　それで効果があるでしょうか。

G　できれば、掲示板に「職員を誹謗中傷するビラが配られ、警察に相談しました」くらいのことを掲示するといいでしょう。その人は、今後そういうことをしにくくなります。

関根　なるほど。

G　警察に届けることで、再度こういうことが行われた場合に、警察が動く可能性は高まります。また、役所や上司が警察に届けることは、このような行為は許されるべきではないという毅然とした姿勢を示すことにつながります。職員も安心し、少なくとも何もしてくれなかった、うやむやになってしまった、という気持ちにはならないでしょう。

関根　わかりました。やってみます。

このケースのポイント

①お客さまの主張が常識的かどうかは判断による

役所の対応が悪いので何とかしてほしい、もっとこうしたらどうかなど、現代は、個人の意見については、その発言、表明の自由が尊重されるべき社会です。しかし、今回のケースでは、情報の発信者が自分が誰であるかを表明せず、特定の個人を誹謗、中傷する内容が、不特定多数の人にビラというかたちで配布されています。その内容も方法も、常識的に手放しで認められるものでもありません。

②明らかにおかしい行為は警察に相談する

犯罪を見たり聞いたりしたら警察に届ける、このことは誰もが知っています。明らかな犯罪かどうかは別として、迷ったら警察に相談する、このことも常識的に正しいことです。個人を特定して相談することももちろんできますが、個人が特定できなくても被疑者不詳として相談することで、この問題に関するこちらの立場や決意を表明することにつながります。

ケース8

議員からの強い要求と暴言、誹謗中傷に悩まされています

相談者は、ある市で政策の企画調整を担当する部署の中堅職員です。議員からの厳しい言葉や暴言に疑問を感じているといいます。

＊

H　私は、市の企画調整課に所属しています。議員のAさんから、市の政策の不備を指摘され、「なぜ、こういう政策を企画立案しないのか」と詰め寄られて困っています。

関根　明らかに役所側に不備があるのですか。

H　いえ、Aさんの主張は、ある立場の市民を代弁しているようにも思えるもので、市の立場からすると、必ずしもそうすべきかどうかは難しいところだということです。

関根　いわゆる口利きでしょうか。

H　いえ、そこまで露骨に特定の市民を意識した内容ではありません。自分の考えや、選挙の公約を実現したいということだと思います。

関根　Aさんは議員経験が長いのですか。

H はい。ベテラン議員です。実は、こうしてご相談している背景には、そういう議員が複数いて、議員経験はさまざまです。

関根 議員は、自らの会派で政策を立案し、提案することもできるわけですが、最近は役所側に要求するかたちで、信念を通そうとするケースが多いようですね。中には言い方が強くなる人もいるでしょうね。

H はい。私もそれはわかっていて、多少のことであれば、うまくコミュニケーションをとる自信もあります。しかし、Aさんの場合は、一方的に主張を展開してきます。役所側の言い分をことごとく否定して、怒鳴る、個人を誹謗するといった行動に出るのです。

関根 どんなことを言うのですか。

H 「すぐにやれ」などと命令調で話し、自論がにわかに認められないと、「お前なんか能なしだ」「辞めてしまえ」などと、市の職員をまるで自分の部下であるかのような言い方で糾弾します。

関根 ちょっと待ってください。そんなにひどい言い方をされるのですか。それは問題がありますね。

H どうしたら、いいでしょうか。

関根 議員さんの中には、自分は市民の代表だという自負が強く出てしまって、役所の方々に強く当たって来る、マスコミの報道でも時々こういった話を聞きますね。それで、あなたの上司は何と言っているのですか。

H 私と一緒に対応してくれていますが、上司もこの議員には、辟易としていて、毎回何とかやり過ごしているといった感じです。

関根　人と人とがお互いに尊厳を認め合うことが、コミュニケーションの大前提です。本来、市民を代表する立場だからこそ、品位を持って良識ある言動をお願いしたいところですね。

H　はい。私もそう思います。

関根　相手が議員だろうと、誰だろうと、怒鳴ることは迷惑行為で、先の発言は誹謗中傷、場合によっては違法行為です。

H　やはり、そうですか。

関根　一般の市民でも、そういう言い方をしてくるのであれば、それは善良なお客さまとは言えません。まずは、「止めてください」とはっきり言いましょう。それは、相手が議員であっても同じです。「そのような言い方はやめてください。そうされるのであれば、対応できません」と言うべきです。

H　この前、そういう話をしたら「なんだその言い方は！俺をバカにしているのか」とますます怒ってしまいました。

関根　そこは、こちらに理があるのですから、気持ちを強く持って耐えましょう。

H　さらに、「お前たちが積極的に取り組んでいない」「録音するぞ」とも言われました。今のところ、本当に録音されたことはありませんが。

関根　相手が議員であれば、上司を伴って対応した方がよいと思います。でも、特別扱いする必要はありません。先のような暴言を吐くなら、録音は好都合です。

H　えっ、録音されてもよいのでしょうか。

関根　はい。その人は、今まで実際には録音したことがないそうですから、一種の脅しでしょう。メモ、録音、録画は、その場の人が記録を取るという意味では、それを規制する法律はないそうです。したがって、録音や録画をするのは、自由なのです。むしろこちらから、「そのようなことであれば、こちらも録音させていただきます」と宣言して、実行したらいいと思いますよ。

H　そうですか。

関根　議員とのやりとりの基本は、「このまちの未来を冷静に話し合いましょう」ということのはずです。誹謗中傷や恫喝は、冷静な話し合いとはかけ離れており、やりすぎれば犯罪にもなり得るものです。

H　ただ、相手が議員だと言いにくいですよね。

関根　確かに、ある意味での配慮は必要です。しかし、議員として市民を代表しているのなら、善良な市民の模範となるような話し合いをすべきでしょう。こちらから録音を持ち出せば、それは一般的には面白くないでしょうけれど、原則としては、録音は承諾を得なくてもできます。今回の場合は向こうから録音の話を持ち出してきたのですから、その話題も絡めつつ、冷静な話し合いを呼びかけたらよいと思います。

H　ありがとうございます。上司に報告してみます。

このケースのポイント

①議員だからといって特別扱いはしない

議員は市民の代表という立場で役所に接してきます。それは確かに特別な立場ではあっても、市民の代表として話し合う立場なのであって、命令する立場ではありません。こちらも、話し合いには応じるものの、度を超えた状況において対応しなければならないというものでもありません。議員だからといって、特別な扱いをする必要はないことです。むしろ市民の代表だからこそ、冷静に話し合うべきでしょう。

②迷惑行為には冷静な対応を求め、時には記録をとる

迷惑な行為をされたら、「やめてください」と抑止を求めましょう。そのことでやめてくれたら、それは一般的には許される行為というべきでしょう。しかし、それでもやめていただけない場合は、記録を取りましょう。迷惑行為や違法行為は記録を取ることで、証明されることです。また、常識的に善意を持っている人であれば、自分の恥ずべき行為を記録されることは、その人にとって抑止の意識が働くものです。このことは一般的なお客さまにおいても同じことです。

COLUMN 事故の現場で謝ってはいけないの？

自動車の運転免許を持っている方、多いと思います。業務中に運転することもあるでしょう。こんなことを聞いたことはありませんか？

「もし、どこかで交通事故を起こしても、事故現場で相手方に謝ってはいけない」という話です。謝ることは自身の非を認めたことになり、あとの裁判などでは不利にはたらき責任が重くなってしまう。したがって現場では、「自分は悪くない」と言い張ることが大切だ、という論理です。

確かに、私たちが生活をしていると「悪いと思うから謝ったのだろう」「謝ることは非を認めたことになる」「謝った以上は責任を取るべきだ」といった言い分に、時として行き当たることがあります。しかし、筆者が調べた限りこれは俗説で、そのようなことは決してないそうです。

交通事故の責任を判断する法的な根拠は、道路交通法、道路運送車両法などです。問題になるのは、あくまでも事故に至った事実です。そのことを認定して、これらの法律に照らし合わせて、過失割合を決めるのであって、現場で謝ったから罪が重くなるなどということはないのだそうです。

交通事故だけでなく、トラブル一般においても、お互いがその場で「自分は悪くない」「相手方が悪い」と言い張れば、やがては険悪な状況に陥ることは想像がつくことです。むしろ「ご迷惑をおかけして、申し訳ございません」くらいのニュアンスのことを一言述べると、相手方も「こちらこそ、ごめんなさい」と言ってくることがあり、その後のコミュニケーションが良好になる可能性があります。お詫びは、いくらしても、直接的に責任には結びつきません。

第4章

こんなとき、どうしたらいいの？公務員のジレンマ……

●「不当要求への対応―ルールに沿った判断を」

1　公務員はどこまで対応する必要があるの

クレームに対応する多くの職員が困っていらっしゃることの一つは、このお客さまに対してどこまで対応すればいいのか、ということではないでしょうか。公務員は社会全体への奉仕者であって、一人のお客さまの対応に必要以上に時間を取られることはあるべきではありません。つまり、特定のお客さま、特定の案件に対応するにも限界があります。したがって、特定のお客さま、特定の案件にもう十分に対応したと思ったら、その対応は切り上げなければなりません。**大切なことは、特定のお客さまに必要以上に対応する必要はないということです。**お客さまと職員は対等な関係です。公務員だからといっていつまでも拘束される必然はありません。

そのことはわかっていても、現実のお客さまに十分な対応とはどこまでか、これ以上対応できないことをどのように伝えればいいのか、ということになると、その判断と言い方が難しいわけです。こちらが「もう十分です」と言っても、相手方は「まだ十分ではない」と言うでしょうし、時には「自分が納得していないのだから十分とはいえない」「住民が納得するまで説明するのが公務員の仕事だ」などとも主張するでしょう。

2 不当要求についての感度を上げよう

〝必要以上に〟という考え方の一つが不当要求です。いくら公務員といえども、不当要求をされたらそれ以上の対応をする必要はありません。そのことを断固主張すべきなのです。

では、不当要求とは何でしょうか。不当要求とは近年よく聞く言葉の一つです。公務員に限らず民間でも、お客さまからいくら要求されても応じられないこと、明らかに無理があることを要求されることはあります。いくらお客さまが「自分は客だ」「言うことを聞け」などと言い張っても、こちらはそのすべてに応じることはできないわけですし、そのすべてに応じる必要もないわけです。

しかし、ここで間違っていただきたくないことは、不当な要求をされたからといって、それが不当要求とは言い切れないということです。私たちの社会は、個人がどのような考えを持って、意見を言っても基本的には自由です。たとえ常識的に間違ったことを言っても、そのことをもって悪質とはいえません。**不当要求とは、不当なことを要求することではありません。不当な手段をもって要求する行為なのです。**

例えば、こちらが法律や条例に基づいて説明したとしても、相手方から「そんな法律は自分には関係ない」「法律なんてどうでもいい。自分だけ何とかしてほしい」などと言われたら、これらの言い分は多分に非常識です。しかし、その発言をもってその人を悪質と決めつけ排除するわけにはいきません。

言っている内容が非常識であれば、こちらは当然にそのことを認めるわけにはいきません。しかし、内容が非常識であっても言い方が正当であれば、それについてはしっかりと対応すべきです。つまり、きちんと聞いて、判断して、事情を説明して、断るということです。

非常識な言い分については、その人がそういった言い分を持つに至った経緯や背景、関連した意見、要望等を聞き、こちらからはそのことについてのルールを説明し、納得していただけるように説得すること、これが常識というものです。

反対に、言っている内容が正しいことであっても、不当な手段、行為をもって主張されれば不当要求です。

3　不当な手段、行為とは何か

お客さまの主張内容が正しいことであっても、間違ったことであっても、不当な手段、行為をもって主張、要求されたら、それは不当要求です。では、どこまでが正当な手段、行為で、どこからが不当なのでしょうか。そのことの感度を上げ、**不当なことは不当だと言えることが大切です。**では、具体的にどのようなことでしょうか。

①暴力行為

人を殴る、蹴る、叩くなど直接体に触れる行為はもちろん、机や壁を叩く、床を蹴る、物を投げるなど、物に対する行為も暴力行為です。さらに、主張にともなって拳を握って威嚇する、「こっちに来い！」などと言いながら近づいて来る、こちらが嫌悪を感じるほどに顔を近づけて話す、息を吹きかけるなど、直接体に触れることがなくても、その行為によってこちらが恐怖や不当な圧力を覚えるなら、その行為は暴力といえます。

②不退去、不当拘束

正当な理由をもって「この話をやめさせてほしい」「帰ってほしい」「帰らせてほしい」ことを主張しているにもかかわらず、正当な理由がなくそこに留まる行為、留まらせる行為は不退去、または不当拘束であり、法に反する行為といえます。

十分に時間をかけて話し合ったのであれば、それを主張してこの話し合いを打ち切りたいことを主張します。あらかじめ「本日は○○分間対応します」と言っておけば「時間になりましたからお引取りください」などと言いやすいでしょう。役所の閉庁時刻になったら、そのことを主張して退去を促すことも正当な理由に基づく主張です。このことは電話での会話も同じことです。十分な対応をしたら、そのことをもって「電話を切らせてください」とはっきり言いましょう。

③面会の強要

「上司を出せ」「責任者に会わせろ」「男の人と話がしたい」「女の人を呼んでほしい」「○○さんと直接話す」などと言われる場合があります。これらの要望は非常識な場合が多いのですが、これらの発言だけでは不当な行為とはいえません。非常識な要望についてこちらがすべきことは、断るということです。この時の理由は「私が担当です」「(必要により)私から上司に報告します」「私に話をしてください」などで十分です。上司を呼ぶかどうかは担当者が判断すべきことで、お客さまに強要されることではありません。

こちらが正当な理由を述べて断っているにもかかわらず、相手方が正当な理由なくして「上司を出せ」などと要求を続け、結果として呼びたくないのに呼んで来させられたということになると、意に反することをさせられたということで強要となり、不当な要求行為が成立したことになります。

④脅迫行為

「俺の言うことを聞かないと○○をするぞ！」などと、要求に威嚇や暴言を絡めてマイナスの状態になることを暗示して脅すことを脅迫といいます。直接的にではなくても「このままでは済まないぞ」「今日の帰り道は気をつけろよ」「お前にも家族がいるのだろう」「お前の顔を覚えておくぞ」「街で会ったらただではおかないぞ」「上級官庁に言うぞ」「訴えるぞ」など、間接的な言い方をされても、こちらが恐怖を感じるほどのものであれば脅迫です。

脅迫は罪になるとされていますので、こちらは「それは脅迫です」「その発言で私は恐怖を感じました」などと主張すればよいのです。

⑤誹謗、中傷、名誉棄損

個人的な名誉や人格を傷つける言動は、誹謗、中傷といえます。いくら公務員といえども、いわゆる悪口や身体的特徴を指摘されるなど、業務に直接関係のない話を聞く必要はありません。また、公務員である以前に一人の人間としての尊厳は保証されるべきです。こちらが感情を害する発言をされたら、一言二言であれば聞き流すことも大人の対応といえるでしょう。しかし、あまりにひどいようなら我慢する必要はありません。毅然として「そのような発言はやめてください」「私はその発言で傷つきました」と主張しましょう。

⑥業務妨害

業務に支障を生じる状況をつくられたら、それは業務妨害といえます。たとえ業務ができていても、やりにくい、邪魔された、必要以上に時間を長引かされた、大きな声を出され自分も他の職員もお客さまも含めて仕事がしにくい状況に陥った、など妨害行為は幅広く解釈していいものです。

4　やめてくださいと警告を発する

以上、不当要求行為について6つのパターンを紹介しましたが、これらは常識的に程度問題といえます。例えば、お客さまにはこちらを威嚇する意図がなく、興奮のあまりつい机を叩いてしまった、などということは現実にあり得ることです。机を叩くという行為は確かに暴力ではあるものの、たった1回程度ではそれだけで犯罪行為、不当要求行為とは言い切れません。ましてや警察へ通報するわけにもいかないでしょう。

そこで、これらの行為を見たりされたりしたら、まずは警告を発することが大切です。つまり、**正当な理由をもって「やめてください」と言うことです。**サッカーでいうところのイエローカードです。こちらがやめてほしいことを主張して、相手方が素直にやめてくれれば、それはそれで本題の話し合いを続ければいいのです。こちらが正当な理由をもって何度もやめてほしいと言っているのに、つまりイエローカードを何枚も出しているのに、正当な理由なくその行為を続けたら、それは犯罪に近づいていくわけです。レッドカードを出しましょう。「これ以上の対応はできません」と言うことです。

いわゆるカスタマーハラスメント行為では、常識的に逸脱したこれらの言動が複合して行われ、結果として職員が心理的に過度な負担を強いられることになります。こちらが何度もやめてほしいと言っているのにもかかわらず、相手は不当な手段を使って要求を続けた、この状況ではこれ以上対応することはできないと担当者が判断すると、これが不当要求行為です。

5　記録を取る

さらに、これ以上の対応ができないという担当者の判断を組織の判断にするためには、上司への報告が必要です。担当者レベルの判断だけでは、感情論になりがちです。最終的には上司の判断をもって、このお客さまとの交渉を終結することになります。上司の判断は組織の方針です。

何事も程度問題はあるので、刃物を振り回す、殴られて明らかにケガを負っているなどの行為があれば、上司の決断以前にも警察への通報ということになるでしょう。しかし「言った、言わない」「やった、やらない」のレベルの言い分では子どものケンカです。上司も決断できませんし、もし警察へ通報したとしても警官も判断に困るでしょう。

不当要求行為、カスタマーハラスメント行為を見たりされたりしたら、上司に報告し場合によっては警察にも届ける、この当たり前のことを担保するために大切なことは記録を取ることです。それらの行為が確かにあったこと、常識的に考えてこれ以上の対応はできないだろうことは、他の人もそう判断できるほどの記録に基づいて決められることです。記録をもって上司にどこまで対応すべきか相談し、上司に決断してもらいましょう。それが組織の対応です。

不当要求行為、カスタマーハラスメント行為、それに近い行為を繰り返すほどのお客さまであれば、相当に興奮しているか、相当に難しい状況に陥っていることが想像されます。後になって「言った、言っていない」「聞いた、聞いていない」などとなりがちです。少なくともメモは積極的に取り、残しておきましょう。しかし、メモには恣意が入る可能性は否定できません。メモがあったとしても「そんなことは言っていない」「勝手に付け加えた」「勝手に書かなかった」などと言われかねません。

記録を取る方法は、メモを取ることの他にも、録音する、録画する方法があります。録音、録画ができれば、よりリアルで信憑性は高まると考えられます。これら記録を取る行為は相手方の承諾を得る必要がありません。こちらの一存でできる行為です。承諾を得る必要がない以上、無断で行っても構わないということです。ただし、無断でやっていたことが後になって相手方に認識されると、相当に感情を害されるだろうことは想像に難くはありません。慎重にすべきことであることは確かなことですし、場合によっては記録することを宣言したほうがよいでしょう。記録することを宣言することによって、相手方の言動も常識的な範囲に収まってくることが期待できます。

6　複数の職員で対応する

これまで述べてきたように、あまりに非常識、こちらとしては明らかな迷惑、職員に多大なストレスがかかっている状況では、いくら住民、お客さまといえども、いつまでもお客さま扱いするわけにはいきません。一部のクレーム客の中には、役所には何を言っても許されるといった、間違った感覚を持っている人もいるようです。非常識な言い分を聞かされて、結果として職員が精神的に病んでしまったり、職業にプライドを持てなくなってしまったりなどということになれば、それこそ不幸なことです。不当要求行為、カスタマーハラスメント行為、それに近い行為においては、お客さま扱いをやめて事務的に対応せざるを得ません。

しかし、警告を発する、記録を取る、またその判断をする、事務的な対応をする、これらのことは、それ自体に相当なストレスがかかります。そのような**不安な事態に陥ったとき、すぐにできて、お金がかからず、最も効果的、合法的な自己防衛の方法は、複数対応、助けを呼ぶことです。**例えば「大切な話し合いですから、ここから先は二人で対応させてください」などと言ってから「○○さん来てください」などと同僚を呼ぶのです。複数の職員で対応することについて相手方の承諾は不要です。必要に応じてこちらがそういう体制を組めばいいのです。

もし、窓口でお客さまが「バカヤロー」などと怒鳴った場合も、すぐに何人かの職員が「何かありましたか」と駆けつけて、その人を取り囲むくらいの迫力と緊張感がほしいものです。不当な行為を繰り返す人に対して、こちらの数の力は正当な対抗策です。異常な事態に対応するための行為、これは正当な圧力にもなります。

窓口職員が困っているときに、誰かを呼ぶことができる、誰かが補助に入ってあげる、複数の職員での対応にスムーズに移行できる、それらのことはクレーム対応の観点からはチームワークのよい組織といえるでしょう。

7 断る勇気を持つ

「役所の職員は住民の言い分については基本的に断れない」「役所の職員にはそもそもプライバシーなどない」「役所の職員は住民の話を聞くことが仕事だ」など、クレームを言う人の中には時に善良とは思えない主張をする人がいるものです。これらの発言をする人は、往々にして大声で高飛車な印象を与えてきます。まるで、自分こそが強者であり、そちらが弱者なのだという印象です。そういった傲慢なお客さまに対して、こちらはそろそろ弱い者いじめから脱しましょう。

クレームを言う一部のお客さまは、公務員を下に見てきます。一般的にも、お客さまは神様などと客のほうが立場が高いという風潮がありますが、本来、どのような仕事にも貴賤はありません。お客さまがお客さまとして成り立つのは、事業者との契約があってのことです。きちんとした契約によって義務を果たしてこそ、お客さまの立場が成り立っていて保障されるのです。

非常識な言い分については、職員も断るべきことは断らなければなりません。一人の人間としての尊厳もプライバシーも守られなければなりません。聞く必要のない話を、必要以上に聞く必要はありません。**対応は常識と法の範囲で、毅然として行うべきであり、それは断る勇気を持つことに他なりません。**断ることにいくばくかの抵抗感を持つ人がいますが、それができなくては、いつまでも言われっぱなしの状況を許すことになります。自らが法を守り、またすべての人に法を守らせる公務員の仕事の性格上、断る勇気を持つことは大切なことです。断ることへの抵抗感は乗り越えなければならないのです。

8　どこかで手のひらを返す対応をする

必要以上に応対を長引かせる、不当な行為、不当な圧力をかけてくる、暴言を繰り返す等、不当な行為に対しては「やめてください」などと警告を発します。このイエローカードを何度出しても終わらないお客さまには、最後はレッドカードです。「これ以上の対応は、お断りします」と、手のひらを返すかのように対応します。聞く気のない人に対しては、善意を期待して説明を続けても往々にして成果が得られないからです。

①名前、連絡先を聞く

誹謗中傷、名誉棄損の発言が相当に続くことになったら「恐れ入りますが、お名前とご連絡先を教えていただけませんか」などと、相手を特定する質問を繰り返しましょう。相手が特定できたら、こちらから折り返し連絡することなどを根拠にして、その場での対応を切り上げましょう。相手が特定できない場合は「名前も連絡先も明かさない人から、そこまで言われることは心外です」などと言って、それ以上の対応を拒否します。

②他の機関への対応を促す

他の部署を頼ったり、お客さまを他の部署へ送ったりすることは、本来は安易な話法としてつかってはいけません。役所が責任ある立場を貫くことは、あくまで説明を尽くすことであり、お客さまを安易に切り捨てるべきではないからです。

しかし、ケースによっては、手のひらを返すような対応をすることもやむをえないでしょう。さまざまな話し方を駆使し、時間をかけて説明しても納得されないお客さまには、時には他の公的機関への申告を促します。「こちらもしかるべき部署に相談しますから、お客さまもしかるべき部署にご相談ください」とするのです。しかるべき部署とは、はっきりとは言わずとも、警察や弁護士を暗示しますが、時には「そこまでおっしゃるのなら、〇〇へご連絡ください。こちらからも、連絡してみますから」などとはっきり言ってもよいでしょう。

③具体的な要求が特定できない場合

お客さまからのクレームを聞くとき、いくら聞いても具体的な要求内容、相手の特定ができなければ埒があきません。一定時間聞いたら「おっしゃることの意味がわかりませんので、これ以上の対応はお断りします」などと述べましょう。

例えば、「誠意を示せ」といった言い方は、多くの場合は威嚇です。「お客さまのおっしゃる誠意とは具体的にどのようなことでしょうか。要求を具体的におっしゃっていただければ、こちらとしても具体的に検討いたします」などと展開します。具体的な要望がわからなければ、こちらも具体的に検討できませんが、ここで相手方が怒りをもって圧力をかけてきても、議論を平行線に保つ勇気を持ちましょう。

④一定時間が経過したら

いくらお客さまといえども、特定のお客さまにいつまでも関わっているわけにもいきません。一定の時間対応しても議論が平行線になり、それ以上進展しないと判断されたら、「一定時間経過しましたので、やめさせていただきます」などと、話し合いを打ち切りましょう。

では、一定の時間とは何分なのでしょうか。残念ながらそのことに明確な基準はありません。「すでに○○分経ちましたので……」などと十分な時間をかけたという、常識的な軸をもとに判断することになります。そこに根拠をつけるとすれば、部署ごとに30分とか1時間と決めておけばよいでしょう。他にも例えば、同じことを5回繰り返し説明すること、同じことを5回聞くことをもって一定の時間が過ぎたとすることもよいと思います。これは基準ではありません。筆者の感覚と経験からのアドバイスです。

⑤これ以降は録音します

クレーム対応があまりにひどい状況になってきたら、記録を取りましょう。悪質なお客さまからのクレームは不当要求になる可能性があります。前述したように警告と記録がないと上司も世間の人もそれを認定できません。

「ここから先は録音します」などと言っておけば、相手方も不当な発言はしにくくなります。発言もトーンダウンするでしょう。録音は後々に間違いがあってはいけないので、というニュアンスですることが多いのですが、悪質なお客さまには、あなたの発言を信用できないので証拠を残すという事務的な対抗策という意味もあります。

9 寄り添う気持ちを忘れずに

誠意のないお客さまへの対応について考えてきましたが、これらの方法を安易に使わないでいただきたいことも一方で大切な考え方です。心の底から相手方を傷つけてやろう、などと思って攻撃してくるクレーム客がそれほど多くいるとは思えません。実際にはごくわずかだと思われます。ほとんどのお客さまの主張の背景には、苦しい気持ち、悔しい気持ち、何らか事情があっての怒り、どうしていいのか判断のつかない状況など、きっとその人が自分では解決できない何かがあるものと思われます。

何らかの事情を抱えながらクレームを言って来ているお客さまに対しては、その結果が「できません」「無理です」の結論に至るにしても、まずはお客さまに寄り添うことが大切です。相手に寄り添い、主張やその背後にある〝何か〟をわかった上で話し合うことと、それが不十分な状況で話し合うこととは、明らかに対応の意味が違ってきます。

相手の気持ちに寄り添うために具体的にどのようにすべきかは、本書でここまでにも触れています。拙著「公務員のためのクレーム対応マニュアルⅠ、Ⅱ」でも解説していますので、ぜひご一読いただきたいと思います。

まずは、相手の言い分をよく聞くことです。そのポイントは、表情を豊かにし、うなずいて、あいづちを打つことです。このことを徹底しましょう。さらに、聞くことは黙って聞くことを意味するのではありません。時には「その点をもう少し詳しくお聞きしてもよろしいですか」などと展開し、こちらから質問することも大切なことです。

そして、お客さまに理があれば「そのとおりです」「おっしゃることは間違っていません」などと、言い分として認めましょう。「お気持ちはよくわかります」「私も個人的にはそう思います」などと、共感できる点をあえて探して発言することも、積極的に寄り添うことにつながります。

お客さまにしてみれば、この人は自分の気持ちをわかってくれた、自分の気持ちに寄り添ってくれているという実感があれば、冷静な対応にもなるでしょう。

もちろん、お客さまに寄り添ったからといって、こちらもそのすべてを解決できるわけではありません。お客さまの言い分を通すのか断るのかは、公務員として判断の問題ですから、個人の考えとは分ければいいことです。こちらは、あくまでルールに沿った判断をしなければなりません。しかし、できることがないからこそ、聞くことで対応しましょう。**聞いても仕方がないのではなく、お客さまに寄り添って差し上げることで、あきらめていただくのです。**そのことが、結果的にルールを守り、社会を安定させることにつながるのですから。

ケース1

市営住宅での動物飼育は、禁止されているのですが…

相談者Aさんは、ある市で市営住宅の管理を担当しています。

市営住宅は、広く市民に健康で文化的な生活を提供するためのものであり、福祉の観点から、民間よりも安い料金で住宅が提供されています。入居者については、所得の制限や入居にあたっての注意事項を遵守することなど、各種の条件や約束ごとが設定されています。それらは、住民同士がルールを守って生活環境を維持することで、お互いに快適な生活をするための基本です。

＊

A　私は市営住宅の管理を担当していますが、最近、動物の飼育に関するトラブルが増えているのです。

関根　例えば、どういうことですか。

A　市営住宅では、動物の飼育は原則として禁止です。しかし、現実に犬や猫を飼っている人がいます。

関根　他の自治体でも聞きますね。

A　犬や猫だけでなく、爬虫類などを飼っているケースもあり、迷惑だというクレームが多く寄せられます。

関根　そもそも、入居の段階で動物の飼育は禁止であることを通知しているわけですよね。

A　もちろんです。

関根　そのようなクレームを受けた場合には、どうされるのですか。

A　できる限り情報を集めて、時には実態調査のために入居者宅を訪問します。

関根　で、どうなります？

A　あるケースでは、訪問すると明らかに犬を飼っている様子がうかがえるのですが、本人は「飼っていない」と言い張ります。

関根　でも、気配でわかりますよね。

A　はい。ところが、犬の存在を認めても「これは、預かっているだけだ」などと主張してきます。

関根　もちろん、預かっているだけでもダメですよね。

A　はい。挙句の果てには「自分だけではない。他の人も飼っている」とか「かわいそうだから連れて来た。動物を殺すわけにはいかない」とか、あらゆる言い訳を始めます。

関根　でも、入居の条件に反しますから、住宅からの退去を促すことができる要件にはなりますよね。

A　はい。しかし、市営住宅には独居老人も多く、そこを出ると行き場がない人も多いのが現状です。違反だから「はい、出て行ってください」というわけにもいかず……。

関根　なるほど。

A　また、独居老人の中には動物の飼育が生きる望みになっている人もいて、そこには担当者としても割り切れないものがあります。

関根　確かに、一般的にペットの飼育は心の支えになるといいますね。

A　動物を飼うことは、もちろん禁止です。でも、他人に迷惑をかけずに静かに飼っている人の場合には、多少のことは許してもいいのかなとも思えるのですが、それは担当者の立場では言えませんし……。

関根　確かに。このことは言ってはいけないことだと思いますが、犬や猫をたくさん飼っていて、部屋がゴミ屋敷のような異常な状態で、現実に他の多くの住民に多大な迷惑をかけているようなケースと、吠えることもない小さな犬を静かに飼っているケースとでは、気持ちの上では判断が違ってくるでしょうね。

A　そうなのですよ。

関根　でも決まりは決まりです。動物好きなお年寄りには、住宅内で飼うのはやめてもらい、他の場所で動物に触れることができるようにするというのはどうですか？

A　どういうことですか。

関根　例えば、今、飼っている動物の里親を探して飼っていただき、その動物に時々会えるようにしてあげるといった方法を提案してはいかがでしょうか。どこかの自治体でそういった取り組みをされていると聞いたことがあります。

A　なるほど。

関根　私は動物のことについては詳しくありませんが、県の動物管理（愛護）センターや民間の動物愛護団体では、そういった相談にも対応してくれるようですよ。

A　そうですか。

関根　住宅管理の仕事は、住民にイキイキと暮らしていただく場を提供することが目的ですから、広く考えればそういう努力も決して無駄ではないと思います。でも、市営住宅での動物の飼育は、本来はあってはならないことです。明らかに周囲の人の迷惑になっている人の場合は、最終的に住宅を管理する立場の役所が処分を決断するしかありませんね。

A　もちろん、迷惑行為が過ぎる入居者には、退去に向けて裁判も辞さないという考えはあります。

関根　私が以前、不動産会社に勤務していた経験から言いますと、そのような場合はビジネスライクに割り切って事を進めるのがよいと思いますね。

A　その方針で、以前に手続きを進めたところ、違反をした人が通報をした人に報復の嫌がらせをしたことがありました。

関根　嫌がらせ行為については話が別ですから、別途対応するしかないですね。だからといって、違反は許されませんよね。

A　でも、その時は周囲の住民がクレームを取り下げてしまい、ある意味で役所は梯子を外された格好で、担当者としては悔しい思いをしました。

関根　さまざまな人間関係の中では、物事が理想どおりに運ぶとは限りません。だからこそ中立的な立場の役所が必要です。月並みな言い方ですが、心を鬼にして割り切ってください。決まりはトラブルを防ぐためにあるのですから、それは守っていただきましょう。

A　はい。原点に返って、取り組んでみます。

このケースのポイント

①さまざまな問題は、理想どおりに割り切れないこともある

社会が、人と人との結び付きで成り立っている以上、思惑の違いや常識の違いはあるものです。理想どおりにいかないからといって、それを撤回するわけにもいかないわけですが、性急に物事を進めてもいい結果にならないこともあります。一つずつ着実に進める気構えを持つことが大切です。

②決まりごとはトラブル防止のためにある

全ての仕事は、その原点を忘れずに遂行することが大切です。公務員は時に厳格な判断を求められることもあります。しかし、一部署だけで判断するにも限界があります。関連部署へ相談する、他の自治体の実例を調べるなど情報を集め、広い視野の下で、最後は覚悟をもって取り組みましょう。

ケース2

文化財保護への理解を得るのに苦労しています…

相談者は、ある市の文化財保護課の職員です。家を建てようとしたら、遺跡が発見されたケースなど、文化財保護にまつわるクレームです。

＊

B　私は学芸員で、文化財を保護する仕事をしています。市民に説明しても、なかなか理解が得られにくいケースがあって、困っています。

関根　具体的に教えてください。

B　例えば、自宅を建てようとしたら、敷地から土器や遺跡が出てきたという事例があります。貴重な文化財が眠っている可能性がありますので、法律により発掘調査をしてからでないと建築工事ができません。

関根　そうなると、その市民は、思うように家が建てられないことになりますね。

B　はい。文化財の調査を終えてからでないと、いわゆる建築の許可が下りないわけです。しかし、建築主からは「そんな法律は知らない」とか、「自分の土地なのになぜ建築できないのか」といったクレームが寄せられます。

関根 法律で決まっていることですから、仕方のないことではありますが、遺跡の発掘調査は現実に相当な時間がかかりますよね。

B 限られた予算と人員でやっていますので、すぐにというわけにはいかず、順番にせざるを得ません。しかし、建築主は「すぐに調査しろ」「いつまでに終わらせろ」などと言ってきます。

関根 大変ですね。

B その他にも、歴史的建造物の補修に関するクレームもあります。歴史的に価値がある建造物として登録されている建物に住んでいる方が、自宅を改築したいという場合です。

関根 そのような場合、その建築物の価値が損なわれないように補修しなければなりませんよね。

B はい。例えば、もともと武家屋敷であった家に、その子孫の方が住んでいる場合など、壁を今どきの建材にしてしまうと、武家屋敷の体をなさなくなって、歴史的価値がなくなってしまいます。門や生け垣などが制約を受ける場合もあります。

関根 街の雰囲気を残す意味で、デザインの整合性を取らなければならない場合もありますよね。

B ええ。当市の場合、宿場町の家並みが残っている地区がありますので、一軒でも外装を変えられてしまうと、街並みとしての価値が損なわれます。

関根 それは通常の建築リフォームとは違って、お金がかかりますよね。この場合、役所から何らかの補助金が出るのですか。

B 何とも言えません。その建物の文化財としての価値が考慮されますので、ケースによって違ってきます。お客さま側から言って来られても、多くの場合すぐに補助金が出るとは限りません。また、あちこちで工事をされるとさまざまな影響があるので、時期を選んでいただくこともあります。反対に、街並み整備や観光振興など、何らかの政策によって役所側からリフォームをお願いするケースも考えられます。

関根　そういう家や地域に住んでいる人には何かと制約があるのですね。

B　はい。ですから、ある意味で自分の土地なのに自由に家も建てられない、自分の家なのに思うような修理もリフォームもできない、しかも多額の費用がかかる、それを指導するわけですから、該当する住民はなかなか納得してくれません。

関根　住民にしてみれば、確かにそういうことになりますね。

B　私も、その気持ちがわかるので、説明するのがつらいのです。予算があれば、すぐにやりますとか、いつまでにやりますので待ってくださいと言えるのですが……。

関根　お客さまの気持ちに寄り添うことは大切です。あなたの気持ちの優しさが伝わってきます。

B　ありがとうございます。現実に建築を半年以上待っていただくケースもありますし、家の補修などについては、こちらの許可がいつ出せるのか、何とも言えないケースも多いのです。

関根　事実上、お客さまの要望を認めるわけにもいかない、はっきりした見通しを示すこともできないわけですね。

B　はい。そうなのです。

関根　そうなったら、謝るしかないでしょう。

B　どういうことですか。

関根　詫びと謝罪は違います。こちらには非はありませんし、法に従ってお願いしているわけですから謝罪の必要はありません。しかし、要望に応じられないのですから、心配りの意味で詫び言葉を多用して、現状をあきらめてもらうのです。

B　それはそうなのですが、やはりお客さまの気持ちもわかるので……。

関根　そこは、学芸員として仕事へのプライドを持つことです。学芸員の仕事は、文化財の調査、研究や市民に理解してもらう活動でしょう。文化や文化財を100年先、200年先の世代に大切に残していくことは、この国の誇りです。その大義に基づいて、この場合、規制をすることは仕方のないことでしょう。

B　はあ。

関根　Bさんとしては、現状を少しでもよくする努力をしてください。手続きを少しでも早く進めるとかお客さまへの理解を深めていくとか、予算の確保や効率的運用など。法律はそう簡単に変わりませんので、運用で努力するしかないでしょう。

B　わかりました。ありがとうございます。

このケースのポイント

①文化財への理解を求める

文化財は国の誇りであり、破壊、または形質を変更してしまうとその価値がなくなってしまいます。特に歴史的財産は再生産ができません。原型を守ることは現代人に課せられた社会的、歴史的責務といえます。そのことに協力していただくために、住民への説明を繰り返すこと、そのことに誇りを持って取り組むことが大切です。

②運用の仕方で、できることをする

法に基づいて行う事業であっても、その全てについて役所側には現実的な事情があり、住民の側にも事情があります。原則を変えることはできませんが、慣例に過度にとらわれないで、法を守りながら、できる範囲で運用の仕方を変えることで、住民の要望に応える努力をしましょう。

ケース3

お客さまの事情を聞いて、何とか力になりたいのですが…

相談者は、道路管理を担当する職場に所属する事務系の職員Cさんです。お客さまの言ってくるクレームの内容に一理あるので複雑な思いだといいます。

＊

C 私は道路管理の仕事をしています。住民の方の意見や要望を伺って、基本的なことを説明します。道路の構造や工事に関する技術的な内容については、専門の人が対応してくれるのですが、土地の権利関係など事務的なことについては私が説明しています。

関根 なるほど。

C 道路に関するクレームでは、無理難題を言ってくる人がいて苦労しています。

関根 そうでしょうね。私も不動産会社に勤務していたので、よくわかります。土地についてはこだわりを強く持つ人が多いですね。

C しかし、私が一番心を痛めるのは、さまざまな事情を抱えているケースです。先日も80代の男性が来られて、家の前の道路の除草をしてほしいと言うのです。

関根　役所でも、道路の除草はしますよね。

C　公道ならできないこともないのですが、この方の家の前の道路は私道なので、できないのです。

関根　私道のことは、その土地の所有者にやっていただくしかないですね。

C　この方も、それはわかっているのですが、「道路は一般の人も通れる状況なのだから役所でやってくれてもいいではないか」と、なかなか納得してくれません。

関根　その道路は、以前から私道だったのですよね。今までは、どうされていたのでしょうか。

C　私も、それが気になって聞いてみたのです。すると、昨年までは奥様がご健在でいらして、息子さんも同居されていたのだそうです。私道の整備は、このご家族が中心になって、利害関係のある他の地権者とともに和気あいあいとやっていたそうなのです。

関根　では、今年も、そうされたらいかがでしょうか。

C　その方の言い分によると、奥様が亡くなって、同時に息子さんも家を出て行かれて、今は一人暮らしなのだそうです。詳細はわかりませんが、他の地権者との関係も変わってしまい、自分一人でやるしかないけれど、道路は延長が数十メートルあって、高齢でもあるため一人ではできないとのこと。何とかしてほしいと相談に来たのです。

関根　なるほど。そういう事情があったのですね。

C　私も結論はわかっているのです。公務員としては、このケースは断るしかありませんし、特別扱いすることもできません。でも、それだけではこの方を取り巻く状況は変わりません。それが切ないですね。

関根　自治会やシルバー人材センターなどに、協力を求めることはできないのでしょうか。

C　私もそのことを提案しました。しかし、この方はあまり興味を示されませんでしたね。自治会も私的な問題には関与したくないのかもしれません。シルバー人材センターもお金がかかりますしね。それを誰が負担するか、ということになるのではないかと思います。

関根　そうでしたか。なるほどね。

C　悪意をもって無理難題を言ってくる人には、こちらも「できないものは、できません」と毅然と言い切れます。しかし、善意の方や社会的に弱い立場の方には、こちらも何とかしてあげたいと思う気持ちがわいてきて、気の毒な気がしてなかなか毅然と言えません。

関根　そう思うこと自体は、人間として素晴らしいことです。しかし、私たちにはすべてのことを自分の論理で割り切るだけの権限も環境も与えられてはいないのです。できる範囲で、最大限の努力をするしかありません。

C　そうですよね。

関根　しかし、主張に対するこちらの判断や結論が決まっていても、それだけを述べ、相手方に有無を言わせないという対応はすべきではありません。クレームを言う側には事情もあるでしょうし、それがどのような内容であっても何らかの解決策を求めているものでしょう。また、そのことを取り巻くさまざまな背景もあるかもしれません。そのことを深く聞き取った上で、慎重に判断すべきであり、慎重に判断した結果であることを相手に伝えるべきですね。

C　何とかしてあげたいと思うのですが……。

関根　慎重に判断することは、単に時間をかけるとか、できるできないの結論を導き出すことだけを意味しません。そのことを実現するために、幅広い視野から考えてみた結果であるということです。

C　どういうことでしょうか。

関根　現代は、社会も人の事情も複雑になって、単一的な視野では行政サービスが成り立ちにくくなっています。つまり、持ち込まれた問題を一つの部署だけで解決することが、現実的でない場合が多くなっているのです。ある面で筋を通せば、他の面で筋が通らない、また別の面から問題が出るといった具合で、結局事態はよくならなかったということがあります。

C　なるほど。

関根　自分の業務の分担は当然にあるわけですが、公務員の最大の目的は住民の福祉と利益を追求すること、これが原点です。このケースも道路行政の範囲を超えて、福祉やボランティア団体の情報を集め、そういった部署に相談をして、結果的に解決できるように努力することも一つの考え方かもしれませんね。

C　ありがとうございます。こちらでもできることはないか、もう一度考えてみます。

このケースのポイント

①クレームには背景がある。それを聞き取ること

クレームとして持ちこまれる要望や意見に対しては、必ずしもそれが合理的とは限りません。断るべきものも当然にあるわけです。最終的には、そのことを告げなければなりません。しかし、要望や意見には必ず背景があります。そのことを十分に聞いて、その人の立場に近づき、まずは解決に向けて同じ方向を向いて考えることが大切でしょう。そのことが、その人に寄り添うことになるのです。

②複雑な社会では、さまざまな情報を駆使することが求められる

社会が複雑になってくると、一つの部署の判断では問題が解決しないことが考えられます。そのことが権利関係の問題か、技術的な問題か、予算の問題か、地域社会の問題か、福祉の問題か、はたまた個人的な問題か、広い視野でとらえてみて、他の部署に意見を求めることも必要になってきます。さらに、行政だけではなく、民間やボランティア組織などにも解決の糸口を模索することが必要な局面もあるでしょう。

ケース4

税金滞納者への督促で反論されると言葉に詰まってしまいます…

相談者は、ある市の納税課に勤務している若手職員です。税金の滞納者への督促で、反論され、苦慮している事例です。

＊

D　私は、納税課で特別徴収班に配属されています。

関根　それは、比較的長期間にわたって滞納している市民を中心に、納税を促す仕事ですね。

D　はい。滞納整理を視野に入れた交渉を行っています。こちらとしては、納税は義務であり免れないことを説明するのですが、自分勝手な理屈を展開して、なかなか応じてくれない人が多く苦労しています。

関根　ご苦労をお察しします。

D　事情があって本当に払えないお客さまに当たると、気の毒な気持ちにもなります。しかし、はじめから払う意思のない人に対しては怒りがこみ上げてきます。先日も、ある建設業の社長と交渉しました。かつては数十人の職人を雇用してそれなりに仕事をしていたようですが、最近は人の出入りもあまりなく税金も4年ほど滞納しています。

関根 日本は、バブル経済の崩壊やその後の規制緩和などで事業環境が変わりましたからね。で、その方は今でも事業をしているのでしょう。

D はい。あまり活発に活動しているようには見えませんが、やっているようです。こちらとしては、資産があるので差し押さえをしようと、先日それを通告しました。すると、「できるものならやってみろ。こっちにはバックに議員がいる。お前の公務員生活がどうなるかわからないぞ」と、言われました。

関根 それは、脅迫ですね。

D はい。さらに、「差し押さえをされたら、うちの会社は倒産だ。倒産したら金が入って来なくなる。そうなれば、お前たちも税金が取れなくなるぞ。それでもいいのか」と。

関根 はあ、そう来ましたか。

D 「払わないとは言っていない。とにかく金ができたら払う、だからもう少し待て」と。

関根 滞納者の常套句ですね。

D 確かに、差し押さえをすれば、業者は公共工事の入札ができなくなりますし、倒産の可能性もあります。そうなったら、取れる税金も取れなくなってしまいます。それで、なんて言っていいのかわからず、言葉に詰まってしまいました。

関根 そこは、怯んではいけませんよ。相手の言い分は非常識であり、けんかを売ってきているようなものです。しかし、それを買っても意味がないので、気にせずに淡々と話を進めましょう。

D　でも、相手の言っていることにも一理ありますよね。

関根　それは、こちらの判断だと思います。どの方法をとれば、結果として税金を納めていただくことにつながるか、でしょう。

D　どういうことですか。

関根　確かに、差し押さえをすると事業が成り立たなくなることもあり得るでしょう。しかし、必ずそうなるとは限りません。たとえそうなったとしても、この人は別の手段で収入を得ることを考えるはずです。債務は会社の役員である個人に残りますから、それで逃れられるわけではないでしょう。また、仮に差し押さえをせずに、事業を継続させた場合、その人が本当に税金を納めてくれるかの判断が必要です。この人を信用できるなら、もう少し待つことを考えてもいいでしょう。しかし、これまでの経緯から信用できないと判断するなら、こちらは事務的に行うしかないと思います。その方は所得は少ないようですが、収入はあるのかもしれませんし、景気のよい時に貯めた財産が他にもあるかもしれませんね。

D　はい、今でも生活にそれほど困っている様子はありません。

関根　そうであれば、フローとストックを調査して、上司とともに決断するのがいいでしょうね。例えば、身近なところで乗っている車を調べるとか……。

D　なるほど、確かに、比較的新しい高級車に乗っていますね。

関根　私は税の専門家ではありませんが、家賃の督促の経験があります。約束とはその人が約束を守ってくれると信じる時にするべきであって、約束を守ってくれないのではないかと思ったらしてはいけません。

D なるほど。

関根 こちらとしては、差し押さえると事務的な発言をしたのですから、本当に事務的に行わないとかえって信頼を失います。どうせ、言うだけでやらないだろうと思われると、俗にいう足元を見られる状況になりかねません。もし強制的に財産を処分する事態になったら、税には先取特権が認められていますから、他の債権より優位性があります。とにかく、差し押さえをしてもしなくても、この人の財産の動向を注視すべきでしょう。

D よく考えてやってみます。

関根 無責任な言い方に聞こえたら申し訳ないのですが、社会にはいろいろな立場の人がいます。民間と違って、役所はそのすべてを対象にしていますから、中には自分の想像を絶するほどの生き方、考え方に出くわすこともあるでしょう。このケースも、いい人生勉強だと思って取り組み、上司と相談の上で決断を重ねていくべきでしょうね。

D わかりました。

関根 あなたの背後には、税金をきちんと納めている住民が大勢いることを忘れずに、時には鬼となって正義を守ることを考えてください。

D ありがとうございます。やってみます。

このケースのポイント

①事務的な発言をしたら、実行を伴わせる

「差し押さえる」「事務的な手続きをする」などと、こちらが事務的な発言をしても、不誠実な相手方からは〝どうせやらないだろう〟と思われがちです。現実に実行に移さないと〝やはり口だけだった〟などと思われることになります。交渉を通じて結果として信頼を失うことになり、次回の交渉がさらにやりにくくなることになります。事務的な発言は、実行をともなう覚悟を持ってすべきです。

②相手が信用できるかの判断で対応する

約束は相手が信頼できることを信じて行うものです。約束を守ってくれない可能性を感じたら、約束することに意味はありません。したがって、約束をするなら相手を信用していることをはっきり主張し、それが破られたらどうなるか相手方にイメージさせるほどの厳しい姿勢が大切です。

ケース5

「動物を引き取って」と安易に言われても…

相談者Eさんは、動物愛護センターの職員です。動物愛護センターには、犬や猫についての相談が多く寄せられるようですが、相談者の要望に答えることができない、答えが見い出せないことも多くあるといいます。対象が生き物なので、理屈では割り切れない悩みもありそうです。

＊

E 私は動物愛護センターに勤務していますが、最近は犬や猫を飼えないので引き取ってほしいという要望が増えています。

関根 そのようですね。

E 私たちは、動物を愛護する立場で仕事をしており、必ずしも引き取ることが仕事ではありません。飼い主と動物の両方が恵まれる結果を出したいと思っています。ですから、飼い主の話を聞いて、飼い続けることが不可能な事情がある場合には引き取ることもありますが、例えば動物が病気や高齢になったからとか、次の動物を飼うためなどの理由では、引き取らないという基準をつくっています。

関根　それは、そのとおりでしょう。引き取るということは殺処分の可能性があるわけですからね。

E　そこで、これまでの飼育の仕方など、お客さまの事情を聞いて、これからも何とか飼い続けることができるように指導するのです。しかし、一部の飼い主は愛護センターに持ち込めば引き取ってもらえるものと思い込んで来るので、なかなか理解が得られません。

関根　なるほど。

E　中には、飼育に飽きたから引き取ってください、といったニュアンスの人もいるので、私としてはやるせない気持ちになります。

関根　確かに、動物愛護は、その動物の命がかかっていることですし、基準や決まりを守らせるといったニュアンスだけでは解決できない仕事でしょうね。

E　そうなのです。仮に、引き取りを断ることができても、本人に納得していただかなくてはなりません。ご理解を得られないと、動物をどこかに遺棄してしまうことにもなりかねないので心配です。

関根　確かにそうですね。

E　引き取る場合でも、動物の命をできるだけ守る意味で、里親探しにも力を入れています。

関根　動物を飼いたい人に斡旋するわけですね。

E　はい。動物の飼育を希望する人には、あらかじめ飼育についての講習会に参加していただき、動物を飼うことについて理解を深めていただいてから、ご希望に沿う個体を紹介します。しかし、そこでもクレームが発生するのです。「なつかない」とか「病気になった」など、不満を述べる方もいますね。

関根 愛護センターでは、動物の検査はしていないのですか。

E もちろん、獣医が検査をしてから斡旋しています。しかし、動物は環境が変わると、体調を崩したり、ストレスで毛が抜けたりするなどの症状が出たりすることがあるのです。

関根 なるほど。そういうことがあるのですか。

E 先に述べた講習会では、そういうことも含めて説明しているのですが「治療費がかかったので、負担してほしい」「元々病気にかかっていた動物を斡旋されたのではないか」「動物を取り替えてほしい」といったクレームも来ます。

関根 で、取り替えるのですか。

E いえ、病気を理由にした引き取りはしません。しかし、怒鳴ったり、しつこく要求したりする方もいて、心が折れそうになることがあります。

関根 動物を飼うということはその命に関わることですから、飼育するにはそれなりの覚悟を持っていただかないといけませんね。

E そうなのです。安易な気持ちで飼うのではなく、家族の一員として動物の生命の尊厳を考えて飼っていただきたいと思います。

関根 そのとおりですね。もし、人間の子どもだったら、病気になれば医者にも診せるでしょうし、躾がうまくいかなかったら何度も繰り返し働きかけ、愛情を持ってその状況を克服しようとするでしょうね。

E　そうですよね。

関根　家族の一員と考えれば、病気がちだから面倒は見ないとか、躾がうまくいかないから取り替えようなどという発想にはなりませんよね。

E　そこのところをわかっていただきたいのですが……。

関根　近年、社会が豊かになり、動物を飼うことも特別なことではなくなりました。動物を飼うことの意味も変わって来たように思います。かつては、犬や猫には家族が食事をした残りを餌として与えていましたが、最近はペット専用の食事がそれなりに高価な価格で売られていますね。

E　ええ、でも時代は変わっても、命のある生き物ですから、それは変わらないはずです。

関根　Eさんは、動物が好きで獣医師になられて、今の職場にいらっしゃるのですよね。そのことに誇りをもって取り組んでいく、それがすべてだと思います。一人の人間のできることは小さいかもしれませんが、まずは目の前の一人を説得することで、一つずつ解決していってください。あなたに関わる人が少しでも生き物に対する意識を変えていただけるよう、そういう人が一人でも増えるようにお祈りします。

E　ありがとうございます。話を聞いていただいて、気持ちが楽になりました。自分の信念を持って、お客さまに接していけそうです。

このケースのポイント

①守るべきものは、仕事への信念

人の考え方はいろいろです。時には意見や感情が、にわかには一致しないこともあるかもしれません。それはそれで、どのような考え方も尊重されなければなりません。しかし、信念を持って変えてはならないこと、守り守っていかなければならないこともあります。例えば、本件のように命の尊厳とか、動物を飼うことの意味です。

②一つひとつの対応に、仕事への誇りを表そう

特に専門職の方は、その道のプロですから、信念を持って取り組む、その姿勢をその場その場で表現することが大切でしょう。たとえ一人でも、その方の意識が変わり、あなたと会って話ができてよかった、と思っていただくこと、そういう人を一人でも増やすこと、それこそが仕事への誇りなのですから。

ケース6

ベテラン農家への指導に自信が持てません

相談者は、ある県で農家を指導する20代の若手技師です。自分より年齢が高く営農経験が豊富な農家さんへの指導に苦慮しているといいます。

＊

F　私は、農家の方々を指導する仕事をしています。農家を回って農作物の栽培方法について助言したり、米から野菜への転作を勧めたりするのですが、なかなか思うようにいきません。

関根　最近は農業を取り巻く環境も変わってきたようですね。思うようにいかないとは、どのようなことですか。

F　まず農家の方は、なかなか話を聞いてくれません。こちらが何か情報提供しようとしても「今さら変える気はない」という人が多いのです。

関根　私は、農業について詳しいわけではありませんが、経験がものをいう仕事なのでしょうね。

F　はい。これまでやってきたという、自負心があるのだと思います。私は大学で学んだことや、農業政策を中心に話をするのですが、話を聞いてもらえません。

関根　なるほど。ところで、Fさんはおいくつですか。

F　29歳です。

関根　農家の中には、高齢の方もいらっしゃるでしょうから、若いFさんから指導を受けることに抵抗感を持つのかもしれませんね。

F　はい。「若造に何がわかるのか」という雰囲気が、ひしひしと伝わってきます。

関根　世代論は多かれ少なかれ、誰もが感じることです。

F　それに、ベテランの農家の方は、私には及ばないほどの知識や情報、経験があります。そのため私自身、自信を持って話ができないことがあります。

関根　お気持ちはよくわかります。学問として学んだことと現実の問題とは、必ずしも一致しませんからね。

F　はい。一部の農家の方は「そんなことを言っても、現実は違うよ」などとおっしゃいます。

関根　誰でも自分の仕事には相当な自負心があります。ですから、自分のやってきたこと、やっていることは間違いないと思っているでしょうし、そう思いたいのです。

F　確かにそれはわかるのですが……。

関根　Fさんにも仕事への自負はありますよね。農家への指導という仕事に誇りを持っているのではないでしょうか。

F　ええ、まあ。

関根　そこが大切ですよ。でも、あなたはまだ20代ですから、この仕事に就いて数年ですよね。農家の方には、労苦を乗り越えた数十年という歳月があり、その差は埋めようがありません。そこはFさんの仕事への誇りで埋めることです。

F　そうですね。

関根　そこで、こちらの話をする前に、まず話を聞いてもらうことを考えましょう。話すという行為は、相手が聞いてくれないと成り立ちません。また、聞く気をもって聞いてくれないと、内容の意味は伝わるかもしれませんが、心の底から「なるほど、そうだな」「そういう考え方もあるな」という気持ちにはならないでしょう。

F　では、どのようにしたらいいのでしょう。

関根　まずは、いきなり本題を話さないことですね。いきなり農業の話をしてしまうと、相手方は先ほどのように「それは違うよ」「若いあなたに言われたくない……」といった感情が芽生えるでしょう。まずは、こちらの話をせずに、相手の話題で展開してみましょう。

F　具体的には、どのような話題を出せばいいでしょうか。

関根　例えば、相手方の最近の農作物のでき具合とか、これまでのご苦労とか、相手が話しやすい話題を探してみましょう。場合によっては、農業に関係のない世間話でもいいと思います。

F　それでもいいのですか。

関根　もちろん、こちらは世間話が目的ではありませんから、しばらくして相手方が「ところで、あなた何しに来たの？」などと発言してくれたら、こちらの話をするチャンスです。場合によっては、複数回伺うことでそのようになるでしょう。

F　でも、本題に入ると、急に心を閉ざす人もいます。

関根　コミュニケーションは相手があることですから必ずそうなるとは言えませんが、自負のある方については、こちらから説明しようとはせずに「教えてください」といったニュアンスでのぞめばよいでしょう。

F　例えば、どのように話せばよいですか。

関根　一例として、こんな言い方でしょうか。「私は農業に興味を持って、農業をもっと知りたくて、今の職業に就きました。私の夢は、日本の農業が○○になることです。ですから、あなたのお気持ち、これまでの実績など何でも結構です。教えてください」などと切り出して、具体的に質問していったらよいと思います。

F　うまくいくでしょうか。

関根　とにかく、こちらから教えよう、説明しようといったニュアンスは出さないことです。私は農業に興味がある、職種は違うけれど農業に一生をかける覚悟で社会に出ているということで、気持ちの上では師弟にでもなるくらいの話し方でいいと思います。もちろん過度な便宜を図っても期待してもいけませんよ。いずれにしても、経験や知識は農家の方が上という前提で、素直に心の底から語りかけること、理屈を優先せずに相手の経験を引き出すこと、自尊心を傷つけないことを心がけてください。

F　ありがとうございます。やってみます。

このケースのポイント

①人は経験への自負が強い

経験したことは元には戻せません。やり直すことはできても、経験そのものは消えることはありません。ですからすべての人にとって〝経験は人生そのもの〟といっても過言ではないでしょう。ですから、経験から導き出される考えや気持ちは、なかなか変わるものではありません。年配者やその道のベテランといわれる人に接するときは、その自負心へ配慮することが大切です。

②当初から本題を話さないことも方法

ある職業への自負の強い人は、その経験への自負心も強いものです。こちらからいきなり本題に入ると、とたんに心を閉ざす人もいます。相手の持つ過去、経験や情報などを会話の中から察知し、教えを乞うくらいの気持ちで話しましょう。時には、あえて世間話から入ることも方法です。

ケース7

たらい回しの電話を受けて、よくお客さまに叱られます

相談者は、ある市の税務課職員です。転送されてきた電話がたらい回し状態で、すでにお客さまが怒っている場合の対応に悩んでいるそうです。起きてしまったことは仕方がありませんが、たらい回しをなくす方策を考えましょう。

＊

G　私は、税務課で納税担当をしています。市民から電話で問い合わせやクレームを受けることが多いのですが、たらい回しの電話が入ることが多くて困っています。

関根　どういうことですか。

G　市民の方が電話をかけてくると、まず交換台の職員が出て、問い合わせ内容を聞きます。一般のお客さまは、問い合わせ先の担当部署がわからないケースも多いので、税金に関する用件であれば、その内容によって課税担当か納税担当かなど、担当を判断して取り次ぎます。しかし、そこで話がつかずに転送されてくると、お客さまは最初から怒っていますね。

関根　俗にいうたらい回しの状態ですね。

G　身に覚えのない税金の督促が来たとか、税額に不審があるなどの場合や〝こんなものは払えるか〟といった怒りが含まれている問い合わせでは、こちらが電話を代わったとたんに叱られてしまいます。

関根　電話のたらい回しは、どこの部署でもありがちですね。

G　税額に不審があれば課税担当ですし、うちの市では一部のお客さまについては、納税担当ではなく、特別徴収担当の管轄なので、さらに電話を代わらなければならないこともあります。どうしたらいいでしょうか。

関根　まずは、たらい回しの状況を作らないことが大切ですね。電話を取った職員が、事情を聞いて担当者に代わる、これは取り次ぎです。この人がさらに次の人へ代わると、お客さまにとっては、対応者が３人目になりますから、たらい回しをされたという印象は強いでしょう。たらい回しを防ぐには、２人目に応対した人が、３人目に回さなければいいのです。

G　はあ、確かにそうですね。

関根　つまり、自分が電話に出た段階で、取り次がれて２人目の応対者になったら、お客さまの言い分をよく聞き取り、「ただ今の件については調べて、担当者から折り返し電話させます」と言いましょう。

G　そのやり方だと、お客さまを待たせることになり、ますます怒りが増大しませんか。

関根　相手のあることですから、それは仕方がありません。〝今、この場で〟と言われても、調べないと何とも言えない、担当者でないとわからない、などと主張して、時間をいただくことです。

G　その時間を確保できないときは、どうしましょう。

関根　もし、それでも代われと言うなら、それはお客さまの意向ですから、「では○分ほどお待ちください」と言って待っていただきましょう。

G　なるほど。

関根　でも、職員の皆さんは、これらのことをわかっていても、現実の対応は緊張感いっぱいの状況でしょうから、つい電話を次に回してしまうこともあるでしょうね。

G　はい。往々にしてあります。

関根　そういう電話を受けてしまったら、自分がその状況を作ったわけではないのですから、それはそれで仕方のないことだと考え、その状況下で頑張るしかないでしょう。

G　自分のせいではないのに、はじめから不快な思いをしている人に対して、落ち着いて対応できる方法はありませんか。

関根　不快感は個人の感情ですから、こうすれば絶対にうまくいく、などということはありません。お詫びの言葉を連発し、何らかの事情を話して折り返し電話をかけるパターンに持ち込むのがいいと思います。

G　例えば、どういうことですか。

関根　多少の悪感情は覚悟していただいて、「私は、この電話を今、初めて受けています。大変に申し訳ありませんが、事情がわからないのです。過去の経緯、この前の対応がどうだったのか、担当者にも聞いて判断させてください。つきましては、折り返し電話いたします。時間をいただけませんか。お願いします」というように、お願いの趣旨を繰り返すのです。

G うまくいくとよいのですが……。

関根 お互いに人間ですから、多少の感情のもつれはあるでしょう。しかし、どうしようもない状況のときには、どうにもならないのですから仕方がありません。私自身は、かつて不動産会社に勤務していたとき「今、トイレに行くので、折り返し電話をかけさせてください」と言って、強引に切ったこともあります。

G へえ。そんなことも……。

関根 その時は、本当にトイレに行きましたから、ウソをついたわけではありませんよ。意図的に会話を区切りたかった、これが本音だということも事実ですけど（笑）。大切なのは、ここから先に、私があなたのために何ができるかを示すことです。理屈で〝できる、できない〟の話をするのではなく〝何かをしたい〟という気持ちを示すことが重要です。

G でも、応じてくれなかったらどうしましょう。

関根 先ほども述べた通り、それは仕方のないことです。こちらが折り返し電話をすると言っているのに、電話番号を教えてくれないのであれば、相手方は相当に慎重な人か、何らかのやましい気持ちがある人かもしれません。いずれにしても自分では電話のたらい回しをしないことです。

G はい。わかりました。

このケースのポイント

①たらい回しの電話を受けたら、折り返しの発信を提案する

自分が受けた電話がすでに、複数の部署に取り次がれ経由してたらい回し状態になっている、それはあり得ることです。電話を受けた自分が悪いわけではありませんが、お客さまにとっては解決しないままに通話時間が長引いているのですから、お怒りもある程度は理解できます。それ以上長引かせないように、とにかく一回電話を切って、折り返しかけることを提案しましょう。

②受けた電話は、たらい回しをしないよう注意する

電話を受け、それが自分の担当でないならば、担当者に取り次ぐことは仕方のないことであり当然のことです。しかし、それが2度、3度とたらい回しになるかどうか、それは結果的にそうなってしまったということです。月並みな言い方になりますが、用件をしっかりと聞き取り、担当部署を的確に判断することが大切です。あいまいな面があったら、折り返しの発信を申し出ましょう。

ケース8

先輩職員の対応が原因でよくクレームを受けます…

相談者は、ある市で国民健康保険を担当する若手女性職員です。先輩職員の対応が原因で、たびたびクレームが発生し、対応に苦慮しているといいます。

＊

H　同じ部署の女性職員Aさんの仕事の仕方に問題があり、困っています。彼女は、私より10歳年上の先輩で、現在の部署に来て2年目になります。

関根　何が問題なのですか。

H　市民への対応の仕方です。先日もある市民の方が窓口にいらして、私が制度の説明をしていたら、「前に電話した時に、Aという職員ができると言った」と言い出しました。結局、「できる」「できない」の話になりまして……。

関根　電話での話の内容と、窓口での説明の内容が違うというのは、よくあるクレームですね。

H　確かにそうですが、Aさんにはそうしたケースが特に多いのです。別のケースでは、お客さまがお怒りになって電話をかけてきて、「調べて折り返し電話すると言ったので、待っていたのにかかってこないではないか」と言うのです。

関根 その原因は何だったのですか。

H 結局のところ、彼女が問い合わせの電話を受け、お客さまに折り返しの電話をすることを約束したのに、それを忘れて帰ってしまった、ということでした。その時は、お客さまから夕方5時15分頃に電話がかかってきて、「どうなっているんだ」と、応対が悪いことを延々と指摘されました。その後、問い合わせの内容を聞き出して、それを調べて回答し、納得いただくのに結局1時間もかかってしまったのです。定時に帰ることができず、悔しい思いをしました。

関根 要するに、Aさんの不注意ですね。

H はい。それが多すぎるのです。本人は子育て支援制度を利用していて、夕方4時には帰ってしまうので、以後の対応は他の職員がすることになります。責任感がなく、本当にイライラします。

関根 そのような時は、どうしているのですか。

H 相手は先輩ですから、きつくは言いませんが、こういうことがあったので気をつけてくださいと注意します。すると本人は、「すみません。気をつけます」と素直に謝ってくれるのですが……。

関根 上司には相談したのですか。

H はい。「何とかしてください」と何度も言いました。上司も注意をしてくれてはいるものの、改善は見られません。

関根 社会にはいろいろな人がいます。プライドが高く自分のミスを認めない人、やたらと愛想がよく、場つなぎはうまいけれど実行力を伴わない人など。

H　そうは言っても、周りが迷惑しているのです。

関根　今回のお話を伺いするところ、Aさんの性格は悪くないようですね。他人を困らせようという意図はないようですし、自分のミスを認めようとしないほど頑固でもなさそうです。子育て支援制度を利用されているということは、仕事、家事、育児と、お忙しいこともあって気持ちの上で余裕がないのでしょうか。

H　でも、それとこれとは……。

関根　もちろん別です。ただ、Aさんにも Aさんなりの事情があり、苦労や悩みがあるのでしょうから、それを無視するわけにもいきません。まして、Aさんの意識や能力をそう簡単に変えることもできないでしょう。また、あなた方周囲の人がその環境を変えることはできません。

H　どうしたらいいでしょうか。

関根　基本的なことですが、あなたには先輩を教育する必要はありません。教育は上司の役目です。あなたの役目は、チームの一員として仕事をきちんとすることです。人間は必ずミスをします。誰かがミスをしたらフォローする、それがチームの一員としての仕事だと割り切りましょう。人や現状を変えようとして完璧を求めるとイライラしてしまいます。

H　でも……。

関根　先輩のミスを事実として上司に報告し、教育してもらいましょう。一方で、仕事の進め方については上司に相談し、一緒に考えてもらいましょう。「何とかしてください」と訴えるのではなく「相談に乗ってください」と。また、報告や相談の際には、イライラしている自分の感情を込めてはいけません。イライラしていることを伝えると、批判や不満と思われ、あなた自身が気難しい人、うるさい人ということになってしまいます。「こういうことがあったのです」と事実を冷静に述べ、そこから先は上司に任せましょう。場合によっては、「どうしていいかわかりません」といったニュアンスで相談してもいいでしょう。

H　そういう言い方もありますね。

関根　チームに与えられた仕事は、他人のフォローも含めてチーム全体でこなすことです。今回のようなことがあっても、あなたが嫌な顔をせずに淡々とこなしていれば、周囲の人は、冷静に仕事に向かう姿勢として見てくれますよ。何もしなくていい、何も言わなくていい、と言っているのではありません。自分の役割を冷静にこなしていくこと、それが結果としてあなたの人格を磨くことになるのだと思います。きっと、その先輩も自分を高めようと、より一層努力してくれるでしょう。結論を急がないことですね。

H　ありがとうございます。少し気が楽になりました。

このケースのポイント

①人を変えようとするとイライラする

社会にはいろいろな人がいます。そのことで社会が成り立っています。それぞれの人と人とが関係しているのですから、いろいろな出来事があることはある意味で当然のことです。その際には、他人を直接的に変えようとせず、その違いを認めて協力することが大切です。法に触れるような行為をされるのであれば論外ですが、仕事に取り組む上でのミスや不足は、お互いに補完することで結果として自分の人格が磨かれるのです。

②仕事の進捗を、冷静に上司に相談しよう

仕事のことで問題が発生したら、すべてを自分で解決しようとするのではなく、時には上司に報告、連絡、相談し、ともに考えて解決していくことが大切です。他の人のミスも含めて、仕事は担当者同士が協力して進めていくものです。総合的な仕事の進捗、部下の教育は、最終的には上司の責任です。

ケース9

上司のミスが原因でクレームが発生しました

上司がお客さまに誤った内容を伝えたため、クレームが発生してしまったケースです。

＊

I 恥ずかしいことなのですが、上司の説明が原因で、クレームが寄せられています。

関根 どういうことでしょうか。

I 先日、市民の方から「この前、あなたの上司に聞いたら、こういうやり方でできると言った」とクレームがありまして……。

関根 上司も人ですから、間違うことはありますよね。

I はい。市民から、ある手続きについて問い合わせがあり、私が席をはずしている時に私の上司が対応して、一般論として答えてくれたのですが、そのケースは少し特別なものだったのでトラブルになりました。上司は最近異動してきたばかりで、実務に詳しくなくて……。

関根 それは、困りましたね。

I それで、お客さまからは、「あなたの上司ができると言ったのに、なぜできないのか」と、言われているのです。

関根　理屈は簡単です。上司が回答しても、その内容が間違っていたならば、撤回すればいいのです。

I　はい。そうしたのですが、お客さまは上司の発言ということに焦点を当てて、「おかしい」「納得できない」と繰り返してきます。

関根　確かに、お客さまは感情的には面白くないでしょうね。上司が認めたのだから、何とかなるのではないかといった期待感もあるでしょう。社会一般には、原則と例外といった概念があります。確かに原則はそうかもしれないけれど、時には例外処理もあるだろう、といった感覚でしょうか。しかし、例外処理というのは、あくまで相手の事情を聞き取り、こちらの事情とも照らし合わせて、何ができるかを判断した上での話です。今回のケースは、それよりずっと手前の問い合わせの段階ですね。相手の事情について判断したわけではなく、手続きの仕方について一般論を述べたにすぎません。

I　そうなのですが、どうしたらよいでしょうか。

関根　そこに誤りや個別の事情に合わない点があれば、きちんとお詫びして、説明し直すことでしょう。「私がこの業務の担当として、責任をもって改めて説明します」と。

I　納得するでしょうか。

関根　もちろん、やってみなければわかりません。今回のトラブルは上司の決断というよりは、手続き上のやり方を説明したに過ぎません。どのような説明があっても、手続きの仕方は事実として存在するわけですから、それは上司でも担当者でも変わるものではありません。

I　なるほど、そうですね。

関根　しかし、少なくともお客さまに不快な思いをさせているのですから「不快な思いをさせて……」とお詫びしましょう。本当に間違えてしまったのなら、さらに「こちらが間違えたことについては……」と謝罪もしましょう。そして「この方法でお願いします」と訂正しましょう。

I　……自信がありません。

関根　そこは、その窓口の担当であるあなたのプライドです。穏やかに、かつ毅然と話しましょう。

I　はい。

関根　お客さまが、それでも納得しないなら、このケースでは、上司本人を呼んでお詫びをしてもらってはいかがでしょうか。

I　それは、上司に申し訳ない気もしますが……。

関根　そんなことで上司に遠慮するのは、よくないと思いますよ。大切なことは、お客さまに正しい情報を伝え、結果として納得していただくことですから。

I　果たして、納得するでしょうか。

関根　それは、にわかには納得することはないかもしれません。このケースの納得とは「仕方がないな、わかったよ、今度からは気を付けてくれよ」くらいの感情に持っていくことではないでしょうか。満足とは、自分の意思を自分で決めることです。たとえ、しぶしぶといった感覚であっても、お客さまが自分で決めたことであれば、それは満足したといえるでしょう。

I　なるほど。

関根　笑顔で納得して帰ってくれれば最高の結末ですが、現実的にはなかなかそうはいきません。クレームに対応する立場では、何とかその場で納得させようという気持ちになりがちですが、結論を強く押し出すと反発されて、かえって事態が悪くなることもあります。

I　確かに、そうかもしれませんね。

関根　トラブルは上司のまいた種と言いたいところかもしれませんが、そもそも上司は担当者を手伝う意味で対応してくれたのでしょう。もし上司が同席してくれて、最終的にお客さまが納得して帰られたら、上司にお礼を言うといいでしょう。きっと上司も反省しますよ。

I　はい。そうしてみます。

関根　人は誰でも、自分の好みの説明内容を受け入れようとします。自分に不利な内容は受け入れたくないし、無視したくなるものです。しかし、役所側の制度や決まりごとは、誰がどのような対応をしても、それ自体は変わりません。説明するにしても、訂正するにしても、結論が変わらないからこそ、急がず、粘り強く、丁寧に謙虚な気持ちで接することで、徐々にご理解いただくことが大切だと思います。

I　わかりました。ありがとうございました。

このケースのポイント

①間違った説明は、きちんと訂正する

説明内容に間違いがあったら、その間違いを訂正することは当然にしなければならないことです。特に、そのことのルールや方法などを説明する場合、たとえ間違った説明をしたとしても、ルールや方法そのものは動かない事実として存在するわけですから、堂々と訂正し正しい説明をし直すことが大切です。

②訂正は、誠意をもって粘り強く行う

こちらが説明や決断の内容を訂正することで、お客さまは感情を害される場合もあるでしょう。相手方に不快な思いをさせているとすれば、それはそれでお詫び、謝罪もきちんとしましょう。一度認めた内容を撤回するなどという場合は、訂正後の説明に納得できないという人も出てくるかもしれません。時間をかけて、粘り強く、ある意味であきらめてもらうまで説明を続けましょう。

ケース10

上司がクレームに対応してくれません

相談者Jさんは、子どもの教育や発達の過程を研究、指導する専門職員です。クレーム対応と上司の役割について、疑問を感じているようです。

＊

J　私の職場は、幼児の発達障害などについて、保護者からの相談に応じ、子どもの観察、指導を通じて必要な助言をする専門部署です。

関根　それは、大変なお仕事ですね。どんなクレームが多いのですか。

J　いろいろありますが、例えば、発達障害を持った子どもさんの保護者の中には、その事実を認めたくない人もいます。こちらが、助言しようとすると、その内容や助言すること自体もクレームになるのです。

関根　なるほど。現実を認めようとせず、余計なお世話だというわけですか。クレーム対応の内容は、子どもさんに対することだけではないのですね。

J　子どもの観察はデリケートな問題が含まれていますし、保護者の中には子どもへの愛情もさまざ

関根　まです。ある考え方に異常なほどこだわる人もいますので苦労します。

Ｊ　さまざまな背景を持った方もいらっしゃるのでしょうね。

関根　はい。ご家庭に複雑な問題を抱えていて、そのことが子どもへの接し方となって表れているケースもあります。気持ちはわからないわけではないのですが、子どもの将来をよりよくするために、冷静に考えていただきたいと思います。

Ｊ　子どもさんの問題だけではなく、ご家庭の在り方に関わることもあるのですね。

関根　子どもさんの個性はもちろん、養育の環境が違うので、個別に時間をかけて対応しています。また、保護者の考え方も違っているので、中々ご理解いただけないケースもあります。

Ｊ　時には、激しい言葉を寄せる方もいるのではありませんか。

関根　はい。そういうこともあります。私たち専門職は女性が多いので、時には心細い局面もあります。でも、今の上司は、私たちがクレームへの対応で困っていてもほとんど出てきてくれません。

Ｊ　それは、その上司の方の方針なのでしょうか。

関根　そうではなくて、性格というか、クレームが嫌いというか……。

Ｊ　まったく出て来てくれないのですか。

関根　そういうわけではないのですが、先日はある保護者の方のクレームがあまりに激しかったので、上司を呼んだのです。でも、対応が終わってから「自分が出ても仕方がないから……」と言われてしまい、次回からは呼びにくくなりました。

Ｊ　Ｊさんの部署では、専門職と一般事務職の割合はいかがですか。

Ｊ　一般事務職は３人で、そのうちの1人は臨時職員です。あとは全員が専門職です。
関根　その上司は専門職ですか。
Ｊ　いいえ。一般事務職から異動してきた人です。そのポストは、歴代、あと2年ほどで定年退職を迎える方が赴任してきています。
関根　なるほどね。あと数年の公務員生活で、専門的な職場への異動となると、人によってモチベーションに差が出るかもしれませんね。
Ｊ　はい。ご本人も戸惑っているようです。それは、こちらもわかるのですが、クレームが始まると、スーッとどこかへ行ってしまうこともあって……。
関根　公務員でも民間でも、同じ職業を40年近くも経験していると、環境の変化に対応できない人もいます。あきらめるしかないですか？
Ｊ　
関根　そんなことはありません。誰でも、他人の役に立って、喜んでもらうことにこそやりがいを感じるものです。しかも、雇用環境があと何年であっても、給料をもらって仕事をしている以上、その職務に専念し全力を傾ける必要があります。
Ｊ　でも、若い私たちが、現実にそんなことを言えるかどうか……。
関根　私はその上司を見ているわけではないので何とも言えませんが、公務員として職務を全うしてきたのですから、人のお役に立つことの喜びについて実感は持てるでしょう。しかし、若い職員から直接「職務に専念してください」などと言われたら、それは面白くないでしょう。
Ｊ　どうしたらよいでしょうか。

関根　例えば「こんな時には、助けてください」といったニュアンスで、協力を求めたらいかがでしょう。管理職といっても、専門的な話に対応するのは自信が持てないでしょうから、その場で話を聞いてもらって、事が終わってから話し合いをする際に、どうしたらよかったのか、また一般論として〝親の心〟はどうか、などについて意見を求めるのもいいでしょう。

J　うまくいくでしょうか。

関根　何となく〝助けてくれないかな〟というムードでは、上司も〝出なくてもいいかな〟というニュアンスで終わってしまいます。部下が厳しい状況で「こういう場合は、このように助けてください」と、具体的にはっきり言えば、上司も知らぬ、存ぜぬというわけにもいかないでしょう。もちろん、終わってから「ありがとうございました。助かりました」の一言も忘れないでください。この一言の積み重ねで、上司もやりがいを感じるようになるでしょう。

J　そうですね。

関根　人と人との関係は、1回で完結するものではありません。また、人は理屈どおりに動くものでもありません。Jさんご自身も一人でも多くの子どもたちを幸せにしたいから、今の仕事に就いているのでしょう。ですから、自分の意思を強くして、職場をともにする限りは、事務職の上司とはそういう付き合い方をするのだと、包容力をもって努力を続けてみてください。

J　はい。やってみます。

関根　上司が出ても出なくても、現実のクレーム対応では、問題の主たる内容が大切です。それを取り巻く要素として、職場内の協力、担当者の個性、相手の個性、背景など、さまざまな要素が入り組んでいます。すべての話が理想どおりに進むとは限りません。その場に際しては、職員が連携を取りながらの試行錯誤になるわけです。うまくいっても失敗しても、経験を通じてチーム力を高め、結果的に対応へのセンスを磨くことになればいいでしょうね。

ありがとうございます。

J

このケースのポイント

①上司とともに、やりがいを感じる職場環境をつくろう

職場は、単に管理する人とされる人の集合体ではありません。お互いがそれぞれの立場で、一致団結して問題解決に努力する場です。それは上司も含めてのことです。お互いの協力で問題が解決できたとき、それこそがやりがいを感じる、そんな職場であることが大切です。

②上司にも具体的に協力を求めよう

そのためには、上司にもこうしてほしい、ああしてほしいと、具体的に協力を求めましょう。困ったときには、困っていることを表明して、助けてもらいましょう。具体的に求めれば上司も動いてくれるでしょう。助けを求めることは恥ではありません。一人で解決できないことは人に相談する、それが当たり前にできることが組織の実力といえるでしょう。

ケース11

他の係員は消極的で、私だけがクレームに対応しています…

相談者は、ある市の土木部の職員です。係全体で行うべきクレーム対応に、他の職員は消極的。一人で対応する状況に不満を募らせている事例です。

＊

K　私は道路を管理する部署で、路上に違法に止められた自転車の整理を担当しています。駅周辺の道路には、通勤する市民が路上に自転車を置いて行ってしまい、道路が狭くなって危険な状態になります。一時よりは、だいぶよくなったのですが。

関根　どんな対策を取ったのですか。

K　駐輪場を整備し、収容台数を増やしました。しかし、最も効果的なのは人海戦術です。シルバー人材センターに依頼して朝の通勤時間帯に、駐輪しそうな人に駐輪場に移動するよう声をかけるのです。それでも違法駐輪した場合は、その日の午前中に正規の駐輪場に移動します。チェーンなどでつながれている場合はそれを切って移動すること、チェーンを切ることや撤去作業中に自転車を傷つけても賠償しないこと、自転車を引き取る際には移動保管料として1回1台につき2000円を徴収すること、といった条例も整備しました。

関根　厳しいですが、仕方ないですね。

K　はい。そうでないと移動もできませんし、結果として違法駐輪を減らせません。私の係はその制度の担当なので、かかってくる電話や窓口に来る人は、ほぼ自転車を移動された方の不満や苦情なのです。多いのは「そもそも自分はそんな所には置いていない」「切ったチェーンを賠償しろ」という内容です。

関根　どういうことですか。

K　例えば、通勤者が駅前のパチンコ店の自転車置き場に、勝手に止めて行ってしまうケースがあります。パチンコ店の人が、自分のところのお客さまではないということで、店の前の路上に放置します。すると、これが違法駐輪になりますから、私たちが撤去することになるわけです。

関根　止めた人が不道徳ですよね。

K　はい。でも本人はそのことを認めません。盗難された自転車が、違法駐輪されるケースもあります。持ち主を捜して連絡すると、それこそ「自分はそんな所には止めていない」ということになります。

関根　この場合の被害者は気の毒ですね。このケースも科料の対象になるのですか。

K　はい。持ち主の管理責任ということで、条例で規定しています。

関根　それで、今回のご相談はどのようなことですか。

K　職場のある番号にかかってくる電話が、先ほどの違法駐輪の問い合わせ先になっているので概ねクレームだと内容がわかるのです。また、この窓口に訪ねてくるお客さまのほとんどが、このような厳しいクレームなので、同僚職員は率先してその電話を取らず、窓口にも出て行こうとしません。

関根　係には何人の職員がいますか。

K　係長以下5人です。その他の仕事もある中で、皆で協力して行うことになっており、電話には気づいた人が率先して出るべきだと思うのですが……。いつも私が電話に出るので、まるで私がその担当のようになってしまっているのです。

関根　係長には相談しましたか。

K　はい。係長は「皆で協力して出るように」と言ってはくれたのですが、状況は変わりません。

関根　市民からの問い合わせやクレームへの対応は、公務員にとっては本来業務ですから、内心はどうあれ対応しなければいけませんよね。

K　私はクレームに対応することについては、それはそれで納得して仕事をしています。しかし、他の職員の消極的な姿勢については不満を感じています。

関根　お気持ちはよくわかります。

K　中には、明らかにクレームに対応したくないことを表情に出す人もいて、職業への意識はどうなっているのかと……。

関根　このことの対象者は職場の仲間ですから、法や規定で裁くというものではなく、話し合って気持ちの方向性を合わせて協力し合うしかないと思います。

K　どうしたらいいでしょうか。

関根　基本は何度でも話し合うことでしょう。一度や二度で協力が得られなくても、三度、四度と話を重ねるごとに、お互いのことがわかってくるでしょう。

K　でも、何度も言うと同僚からは疎まれそうです。

関根　係全体の問題だとすれば、係長の指導力、統率力の問題も関わってくるでしょう。まずは、係長に何度も話をしてみたらどうでしょうか。

K　言ってはみたのですが……。

関根　例えば、ある期間の電話に出た回数を数えてみるとか、「つらいことがある」と正直に言ってみるとか……。とにかく、何度も上司と話し合うことです。あなた自身も〝自分がやってあげているのに〟〝周りの人に問題がある〟というニュアンスではなく、〝自分もつらい〟〝何とか助けてくれないか〟というニュアンスで、素直に周囲の人に相談してみましょう。

K　できるでしょうか。

関根　周囲の人は、あなたがうまくやってくれているので、問題を感じていないのだと思います。〝そんなにつらい思いをしていたのか〟と気づいてくれたら、誰かが手を差し伸べてくれるでしょう。

K　わかりました。ありがとうございます。

このケースのポイント

①仕事がつらいなら、時にはつらいと言う

つらいことをつらいと言わないことは、それはそれで人として価値のあることです。しかし、結果として自分が精神的ストレスを感じたり、人を恨んだりすることは、自分にとって決して良いことではありません。多くの仕事はチームワークで成り立っているのですから、つらいときはつらいと言い、周囲の人に相談することは決して間違ってはいないでしょう。お互いがお互いの仕事をフォローできてこそ、組織でありチームワークです。

②人間関係については、何度も話し合う

チームワークはいわば人間関係そのものです。人と人との話し合いの中で育っていくものです。また、すぐに唯一の答えがあるものとも限りません。困ったとき、つらいときには、何度でも相談し、話し合うことがチームワークをかたちづくっていくのです。ただし何度も自論を展開するのではなく、白紙の気持ちで人の意見を聞き、時には助けを求めるほどの姿勢で話し合うとよいでしょう。

■著者紹介

関根　健夫（せきね・たけお）

1955年　東京都大田区出身
1979年　武蔵工業大学（現東京都市大学）工学部建築学科卒業
　　　　藤和不動産株式会社（現三菱地所レジデンス）入社
　　　　本社、名古屋支店にて営業、企画、プロジェクト管理等を担当
1988年　株式会社アイベック・ビジネス教育研究所を設立、代表取締役
　　　　人材開発研修企画、コミュニケーション能力開発指導、コンサルティング、
　　　　教材開発、各種マニュアル制作等を開始
　　　　株式会社みずほ総合研究所講師、ＮＴＴ電話応対コンクール審査員を歴任
2021年　株式会社アイベック・ビジネス教育研究所を解散、
　　　　イノベーション・スクエアを設立
現　在　イノベーション・スクエア代表
　　　　一般社団法人日本経営協会講師

「話す能力」を中心とした「コミュニケーション能力」を、ビジネスの基本能力ととらえ、交渉力強化、プレゼンテーション能力強化、クレーム対応力強化などをテーマに、企業、官公庁、自治体、団体などの研修、講演、コンサルティングなどで活躍中。

【主な著書】『こんなときどうする　公務員のためのクレーム対応マニュアル』（ぎょうせい）
　『［臨機応変］クレーム対応完璧マニュアル』（大和出版）
　『ビジネスエキスパート・ビジネスマナー術』（日本経済新聞社）
　『ナースのためのクレーム対応術』（中央法規出版）
　『公務員の窓口・電話応対ハンドブック』（学陽書房）　他多数

【連 絡 先】イノベーション・スクエア
　〒146-0083　東京都大田区千鳥1-10-17　INNOVATION SQUARE
　電話：03-5294-6855
　e-mail：info@innovation-square.net
　URL：https://www.innovation-square.net/

お悩み解決！
公務員のための　クレーム対応駆け込み寺

令和元年６月１日　第１刷発行
令和６年１月15日　第５刷発行

著　者　関根　健夫

発　行　株式会社ぎょうせい

〒136-8575　東京都江東区新木場1-18-11
URL：https://gyosei.jp

フリーコール　0120-953-431
ぎょうせい　お問い合わせ　検索　https://gyosei.jp/inquiry/

〈検印省略〉

印刷　ぎょうせいデジタル㈱

ISBN978-4-324-10654-9
(5108523-00-000)
〔略号：クレーム駆け込み寺〕